PORTUGUÊS AO VIVO

TEXTOS E EXERCÍCIOS

NÍVEL 2

AUTOR

Maria da Conceição Pinheiro

DIRECÇÃO

Renato Borges de Sousa

CIAL — CENTRO DE LÍNGUAS

edições técnicas

LISBOA — PORTO — COIMBRA

Da mesma Editora:

— PORTUGUÊS SEM FRONTEIRAS
Curso de Português como Língua Estrangeira em 3 Níveis.
Componentes de cada nível: Livro do Aluno, Livro do Professor e um conjunto de cassetes

— LUSOFONIA
Curso Básico de Português Língua Estrangeira
Curso Avançado de Português Língua Estrangeira (1º trimestre/1994).
Componentes de cada: Livro do Aluno, Caderno de Exercícios, Livro do Professor e uma cassete.

— GUIA PRÁTICO DOS VERBOS PORTUGUESES – 12.000 verbos
Manual prático de conjugação verbal. Inclui verbos com preposições

— SERRA TERRA
— OLHAR COIMBRA
Cassetes vídeo, que incluem Guia Pedagógico, destinadas a serem integradas em sequências pedagógicas (disponíveis em PAL, SECAM e NTSC)

— GRAMÁTICA ACTIVA
Noções e exercícios gramaticais em 2 níveis com soluções

— A BRINCAR APRENDEMOS «OS AÇORES»
Livro destinado aos jovens sobre a história dos Açores

— Colecção LER PORTUGUÊS
Histórias originais de leitura fácil e agradável, estruturadas em três níveis

DISTRIBUIÇÃO — **LIDEL**
LIVRARIAS: LISBOA: Avenida Praia da Vitória, 14
            Telef. 54 14 18 — Telex 15 432 — Fax 57 78 27
          PORTO: Rua Damião de Góis, 452
            Telef. 59 79 95 — Telex 20 636 — Fax 02 - 550 11 19
          COIMBRA: Av. Emídio Navarro, 11-2.º
            Telef. 2 24 86 — Telex 52 612 — Fax 039 - 27 221

Copyright © 1994
LIDEL — Edições Técnicas Limitada

Capa
Manuel J. Freire Libreiro

Impressão e acabamento: Tipografia Lousanense, Lda.
ISBN 972-9018-49-9

LIDEL — Edições Técnicas, Lda.
Rua D. Estefânia, 183, r/c Dto — 1096 Lisboa Codex
Telefs. 3534437-575995-3554898 — Telex 15432 — Telefax 577827

ÍNDICE

3

UNIDADE	TÍTULO	TIPO DE TEXTO/TÓPICO	ÁREA LEXICAL	ÁREA ESTRUTURAL	OBJECTIVOS FUNCIONAIS
8 Pág. 39	Quem era o Senhor Joaquim?	Texto narrativo sobre a vida no campo	- Profissões	Imperfeito do Conjuntivo . . Frases exclamativas . Frases condicionais Se+Imp.Conjuntivo +Imp. do Indicativo ou Condicional Discurso directo e indirecto (revisões)	- Informar sobre a vida no campo.
9 Pág. 43	Uma viagem aos Pirinéus	Texto narrativo sobre uma viagem	- Vocabulário referente ao tempo meteorológico e viagem de automóvel	Imperfeito do Conjuntivo . Verbos introdutórios no passado Discurso directo indirecto Ser/estar (revisões)	- Fazer descrições. - Falar sobre recordações.
10 Pág. 47	Uma notícia desagradável	Noticiário na televisão-reportagem sobre um acidente automóvel	- Poluição	Imperfeito vs. Presente do Conjuntivo . Frases exclamativas de desejo: Pres. do Conjuntivo - Probabilidade de concretizações Imp.do Conjuntivo Probabilidades de concretização (revisões)	- Fazer uma reportagem. - Reescrever acontecimentos
11 Pág. 51	Planos para o futuro	Diálogo entre dois estudantes sobre o seu futuro	- Profissões	Futuro do Conjuntivo . Situações no futuro Assim que ... Enquanto... Quando... Sempre que ... (revisões)	- Falar sobre intenções / objectivos.
12 Pág. 55	Carta comercial	Carta de resposta a um pedido de	- Vocabulário referente a cartas comerciais	Futuro do Conjuntivo . Frases condicionais Se+Fut.do Conj.+Fut. do Ind.ou ir+Infinitivo (revisões)	- Escrever uma carta comercial.

4

UNIDADE	TÍTULO	TIPO DE TEXTO/TÓPICO	ÁREA LEXICAL	ÁREA ESTRUTURAL	OBJECTIVOS FUNCIONAIS
13 Pág. 59	O Vinho do Porto	Diálogo sobre uma viagem à cidade do Porto	- Vinho do Porto - Expressões	Futuro do Conjuntivo dp. dos pronomes relativos situação eventual no futuro Onde,Que,Quem	- Trocar informações. - Informações sobre o Porto.
14 Pág. 63	A casa nova	Diálogo sobre decoração	- Decorações	Futuro do Conjuntivo - Frases concessivas com repetições de verbos: Presente do conjuntivo... Quando... Futuro do Conjuntivo: quem...o que...como...	- Trocar impressões sobre decorações de interiores.
15 Pág. 67	O piquenique	Combinação entre amigos	- Comida	Pres./Imp./ Fut.Conj.: - Disc.directo / indirecto Revisões gerais do nível III	- Tomar decisões.
16 Pág. 71	A feira	Visita a uma feira	- Vocabulário referente a feiras	Pret. Mais Que Perfeito Simples do Indicativo (revisões) Preposições	- Expressar uma recordação.
17 Pág. 75	À procura de apartamento	Diálogo sobre a compra ou aluguer de uma casa	- Vocabulário relacionado com dinheiro	Conjugação pronominal com o Futuro Imperfeito e o Condicional Desde / Há (revisões) -	- Pedir opiniões. - Expressar indecisão. - Falar sobre empréstimos bancários.
18 Pág. 79	O encontro de amigas	Diálogo num reencontro entre amigas de infância	- Dar por... para... com... em... - Dar-se com... - Passar a vida a ...	Verbo dar + Preposições Revisão verbal	- Falar sobre recordações e acontecimentos passados.
19 Pág. 83	Paris, a cidade romântica	Diálogo entre amigos sobre Paris	- Estar morta por... - Estar ansiosa por ...)	Pretérito Perfeito do Conjuntivo Voz Passiva Pretérito Perfeito do Indicativo (revisões)	Expressar ideias. Pôr hipóteses.

5

UNIDADE	TÍTULO	TIPO DE TEXTO/TÓPICO	ÁREA LEXICAL	ÁREA ESTRUTURAL	OBJECTIVOS FUNCIONAIS
20 Pág. 87	A minha aldeia	Texto narrativo sobre uma viagem	- Vocabulário referente à meteorologia e à casa	Pretérito Mais Que Perfeito Composto do Conjuntivo Condicional Pretérito - Frases condicionais - Preposições (revisões)	- Recordar factos passados. - Descrever acontecimentos e lugares.
21 Pág. 91	Visitas culturais	Diálogo entre amigos sobre lugares de interesse cultural	- Estar farto de... - Trocar ideias...	Condicional Pretérito - Pretérito Mais Que Perfeito Composto do Conjuntivo . Frases condicionais Haver de +Infinitivo (revisões)	- Falar sobre lugares de interesse cultural.
22 Pág. 95	O azar do ladrão!	Notícia de jornal	- Vocabulário referente ao jornalismo	Futuro Perfeito do Indicativo - Condicional Pretérito Advérbios na frase (revisões)	- Escrever uma notícia. - Relatar acontecimentos
23 Pág. 99	A Feira do Livro	Texto narrativo / descritivo sobre uma visita	- Vocabulário referente a descrições - Adjs. - A Feira do Livro	Futuro Perfeito Indicativo - Infinitivo Pessoal - Tempos variados	- Transmitir impressões. - Descrever observações.
24 Pág. 103	O hipermercado	Texto narrativo / descritivo sobre uma ida às compras	- Expressões idiomáticas . o bom e o bonito . por uma unha negra . chegou a vias de facto . nervos de aço	- Vir a+Infinitivo - Fut. Perfeito do Conj. - Acabar por...	- Frases descrições.
25 Pág. 107	Um dia diferente	Diálogo ao telefone	- Expressões idiomáticas . comes e bebes . contar com alguém . pela noite dentro	- Passar + Preposições - Gerúndio Ir + Gerúndio	- Conversar ao telefone de modo informal.
26 Pág. 111	A reportagem	Diálogo entre dois repórteres	- Expressões idiomáticas	- Ficar + Preposição - Pres.Conj. (revisões)	- Falar sobre a elaboração de uma reportagem.

UNIDADE	TÍTULO	TIPO DE TEXTO/TÓPICO	ÁREA LEXICAL	ÁREA ESTRUTURAL	OBJECTIVOS FUNCIONAIS
27 Pág. 115	Uma lição de literatura	Diálogo entre amigos sobre livros	- Vocabulário referente a livros: . Estantes . Posto à prova . Entreter-se	Ver + Vir - Derivadas Revisão verbal	- Falar sobre obras literárias.
28 Pág. 119	O Parque Nacional do Gerês	Texto narrativo / informativo sobre uma região turística	- Natureza - Campismo	- Revisões gerais	- Dar informações turísticas sobre locais.
29 Pág. 123	O Carnaval	Texto narrativo / informativo sobre as tradições do Carnaval	- Vocabulário referente ao Carnaval	- Gerúndio composto	- Dar informações sobre tradições de épocas. festivas.
30 Pág. 127	O problema ecológico	Discurso sobre ecologia feito numa escola	- Vocabulário referente à ecologia	- Revisões gerais	- Falar sobre ecologia.
Solução dos exercícios Pág. 131					

7

PREFÁCIO

O Português, como língua de comunicação internacional, tem actualmente uma dimensão verdadeiramente mundial resultante do número de falantes que a usam como língua materna na Europa, no Brasil e nos países lusófonos de África.

No entanto a sua importância actual deriva igualmente do interesse demonstrado por cidadãos de outras nacionalidades que, por razões económicas, culturais ou de outra natureza, necessitam de aprender português como língua estrangeira ou como segunda língua.

No contexto actual do ensino de línguas, o português carece, apesar de tudo, de tradição. E, embora seja hoje a terceira língua europeia mais falada no mundo — sendo inclusive, a segunda no grupo românico — as suas escassas três décadas de experiência nesta área apresentam um grande vazio no que concerne à existência de livros de ensino devidamente elaborados e integrados nas modernas orientações pedagógicas.

A série «Português ao Vivo», aqui apresentada, vem dar um contributo válido facultando ao professor materiais de trabalho que constituem um apoio prático e eficiente e tendo sempre em conta um público heterogéneo que procura uma aprendizagem acessível e rápida — mas sempre rigorosa — da língua portuguesa.

A série «Português ao Vivo» foi pensada como material suplementar, razão pela qual não contém quadros explicativos de gramática, mas permite ao aluno elaborar um trabalho autónomo e auto-correctivo.

Os textos e exercícios (escritos e audio) apresentados nesta série têm 1 livro e 1 cassete audio para cada um dos níveis de conhecimentos — Elementar / Intermédio / Avançado e integram expressões e idiomatismos de uso corrente, pretendendo-se com isto alargar o conhecimento do vocabulário do estudante, inserido na realidade quotidiana portuguesa.

Renato Borges de Sousa

UNIDADE 1

NO MÉDICO

— Bom dia, senhor Doutor!

— Bom dia, D. Alice! Então, o que a traz por cá?

— Estou com dores de garganta, tenho o nariz tapado e sinto a cabeça a andar à roda. Mal consigo respirar.

— Tem febre? Sente-se enjoada?

— Não, senhor Doutor. Mas sinto-me um pouco fraca. Aaaatchim!

— Saúde!

— Obrigada!

— Costuma espirrar muito?

— Às vezes. Principalmente quando tenho que sair de casa.

— É natural. Nesta época do ano está muito frio e a diferença de temperatura, entre as casas aquecidas e o ambiente exterior, tem provocado muitas constipações e gripes.

— Espero que o tempo melhore, dentro em breve. Não queria nada ficar de cama!

— Embora não tenha nada de grave, vou auscultá-la para ver o que se passa com os pulmões... Respire fundo... outra vez... Não, não ouço nada de anormal.

— De manhã, sinto sempre o nariz muito congestionado.

— Eu vou receitar-lhe um óptimo medicamento para pôr no nariz, duas vezes por dia. Vai tomar também estes comprimidos, que são indicados para constipações fortes. Toma um a cada refeição. É bom que não se esqueça nenhuma vez, para que o medicamento possa actuar eficazmente.

— Esteja descansado, senhor Doutor. Vou fazer tudo o que o senhor mandou, antes que eu piore e tenha de ficar em casa por algum tempo.

— Caso não se sinta melhor, marque uma nova consulta para daqui a três semanas.

— Mesmo que eu melhore, voltarei a contactar com o senhor.

— Está bem! Bom dia D. Alice e as melhoras!

— Muito obrigada, bom dia!

Vocabulário

Interpretação

enjoada = mal disposta

auscultar = examinar

congestionado = tapado, que dificulta a respiração

constipação = congestionamento das zonas respiratórias causado por um vírus

gripe = doença febril, causada por um vírus

Compreensão

I — *Responda às seguintes perguntas:*

1. Como é que se sentia a D. Alice?

2. " ... Nesta época do ano está muito frio...". Qual será a época do ano a que o médico se referiu? Porquê?

3. De que é que a D. Alice tinha receio?

4. Qual foi o conselho que o médico deu à D. Alice?

5. Quando é que a D. Alice pensa voltar ao consultório?

II — *Escolha as palavras ou expressões que melhor se aproximam às seguintes frases do texto:*

1. "...tenho o nariz tapado..."

   a) inflamado   b) entupido   c) cortado

2. "...sinto a cabeça a andar à roda..."

   a) a cabeça tonta   b) a cabeça a cair   c) a cabeça no ar

3. "...não queria nada ficar de cama..."

   a) ficar a dormir   b) ficar doente   c) ficar deitada

4. "De manhã, sinto sempre o nariz congestionado..."

a) carregado   b) aliviado   c) tapado

5. "Eu vou receitar-lhe..."

a) dar-lhe um bilhete   b) passar-lhe uma receita
c) escrever-lhe uma receita

6. "...para que os comprimidos possam actuar eficazmente..."

a) fazer efeito   b) matar a doença   c) cortar a acção

7. "Embora não tenha nada de grave..."

a) Apesar de não ter   b) Mesmo que não tenha
c) Caso não tenha

8. "É bom que não se esqueça..."

a) É aconselhável que   b) É obrigatório que   c) É inevitável que

III — *Preencha os espaços em branco ouvindo o texto:*

"— Embora não tenha nada de grave, vou_____ para ver o que se passa com os pulmões... Respire_____ ....outra vez.... Não, não ouço nada de _____.
— De manhã, sinto sempre o nariz muito _____.
— Eu vou receitar-lhe um _____ medicamento para _____ no nariz, _____ vezes por dia. Vai tomar também estes comprimidos que são indicados para _____ fortes..."

Vocabulário

Prática

I — *Preencha o quadro:*

Substantivos	Verbos	Adjectivos
Ex : dor	doer	doloroso
_____	respirar	_____
_____	_____	enjoada
_____	_____	fraca
_____	contactar	_____
_____	_____	aquecida

II — Qual é o oposto de:

Ex: bom — mau

tapado	_____
fraca	_____
aquecidas	_____
anormal	_____
piorar	_____
muito	_____

Gramática

Prática

I — Modifique as frases começando por:

1. "É bom que não se esqueça nenhuma vez..."

   É bom _____

2. "... para que os comprimidos possam actuar eficazmente."

   Para _____

II — Preencha os espaços em branco utilizando os verbos entre parêntesis:

1. Mesmo que _____ (falar) já com o Pedro, ele não _____ (poder) ir connosco à reunião.
2. Antes de _____ (acabar) de fazer o trabalho, tens de _____ (consultar) o livro para que te _____ (informar) melhor sobre o assunto.

UNIDADE 2

AGÊNCIA DE VIAGENS, BOM DIA!

O senhor José da Silva Nunes acabou de ganhar um prémio num concurso de televisão. Trata-se de uma viagem de oito dias, a qualquer parte do mundo, com estada paga e pequeno-almoço incluído. Feliz, mas um pouco indeciso quanto ao local, telefona para uma Agência de Viagens para pedir informações:

— Agência de Viagens "Terra Azul". Bom dia!

— Estou sim? Bom dia! Eu gostaria de saber qual é o destino mais aconselhado para passar oito dias de férias, por favor.

— Com certeza! Um momento, por favor... Nesta época do ano, o México é muito procurado pelos turistas. É um país cheio de sol, com óptimas paisagens, povo acolhedor e com uma história interessantíssima, sendo possível visitar monumentos seculares.

Mas, caso lhe interesse, posso dar-lhe informações sobre outros destinos, nomeadamente europeus...

— Não, não. Fale-me mais do México. Estou cada vez mais interessado.

— Bom, o melhor seria o senhor passar por cá, para que eu lhe possa mostrar os nossos prospectos. Embora o México pareça uma óptima opção, existem alternativas interessantes.

— Hum!... É uma boa ideia! É provável que amanhã a esta hora eu passe por aí, para que me informe mais detalhadamente. Muito obrigado e bom dia.

Vocabulário

Interpretação

estada = permanência num lugar durante um determinado período de tempo

antigo = que existiu há muito tempo

prospecto = programa, anúncio, panfleto

acolhedor = hospitaleiro

alternativa = outra possibilidade

Compreensão

I — *Responda às seguintes perguntas:*

1. O que é que o senhor José Nunes acabou de ganhar?

_____

2. Para onde é que ele telefonou? Para quê?

_____

3. Qual foi o país mais aconselhado para passar férias? Porquê?

_____

4. Qual é a opinião do senhor Nunes sobre o país aconselhado?

_____

5. Qual foi a decisão final do senhor Nunes?

_____

II — *Escolha as palavras ou expressões que melhor se aproximam às seguintes frases do texto:*

1. "O senhor José da Silva Nunes acabou de ganhar um prémio..."

a) ganhou há pouco tempo   b) ganhou há muito tempo

c) vai ganhar

2. "Feliz mas um pouco indeciso..."

a) um pouco seguro   b) inquieto   c) um pouco hesitante

3. "...quanto ao destino..."

a) no que diz respeito   b) o que   c) cujo

4. "... é possível visitar monumentos seculares..."

a) com um século de existência   b) com pouco tempo de existência

c) com séculos de existência

5. "— Bom, o melhor seria o senhor passar por cá..."

a) o mais interessante   b) o mais importante

c) o mais aconselhável

6. "... para que eu lhe possa mostrar ..."

a) mesmo que   b) a fim de que

c) até que

7. "É provável que amanhã a esta hora eu passe por aí..."

a) É certo que   b) É necessário que

c) É possível que

8. "...para que me informe mais detalhadamente..."

a) superficialmente   b) pormenorizadamente

c) curiosamente

III — *Preencha os espaços em branco ouvindo o texto:*

— Agência de viagens "Terra _____". Bom dia!

— Estou sim? Bom dia! Eu gostaria de saber_____ é o destino mais _____ para passar oito dias de férias, por favor.

— Com _____ ! Um momento, por favor... Nesta _____ do ano, o México é muito _____ pelos turistas. É um lugar cheio de sol, com óptimas _____, povo _____ e com uma história _____, onde é possível visitar _____ seculares."

Vocabulário

Prática

I — *Preencha o quadro:*

Substantivos	Verbos	Particípio Passado
O prémio	premiar	premiado
A viagem	———	———————
———————	———	aconselhado
———————	———	procurado
———————	visitar	———————
———————	———	interessado

II — *Qual é o adjectivo de:*

Ex.: O caixote — encaixotado

a televisão	———————
o mundo	———————
o dia	———————
nomeadamente	———————
o interesse	———————
informar	———————

Gramática

Prática

I — *Modifique as frases começando por:*

1. "Embora o México pareça uma óptima opção..."

   Apesar de ————————————————

2. "Mas, caso lhe interesse, posso dar-lhe informações..."

   Mas, no caso de ————————————————

II — *Ponha na voz passiva as seguintes frases:*

1. O senhor José Nunes ganhou um prémio num concurso de televisão.

   ————————————————————————————

2. Na próxima semana vão transmitir um concurso de televisão.

   ————————————————————————————

UNIDADE 3

VAMOS AO CINEMA OU AO TEATRO?

À tarde, o André convidou quatro amigos para irem à sua casa tomar café. Estavam todos divertidos quando um deles resolveu dar a ideia de irem ao cinema ou ao teatro.

Paulo: O que é que acham de irmos ao cinema ou ao teatro esta noite? Está uma óptima peça no "S. Jorge" e há dois ou três filmes muito bons que eu gostava de ver. Então, qual é a vossa opinião?

Ana: Acho uma óptima sugestão! Podemos ir ao teatro, adoro representações ao vivo! Ouvi dizer que a peça é muito boa e que actuam bons artistas nacionais!

José: Eu prefiro ir ao cinema, não gosto de teatro!

Ana: É pena que não gostes, eu acho sensacional! Mas também aprecio cinema. E tu, António?

António: Por mim, tanto faz. Gosto das duas coisas. Espero que vocês se decidam depressa, antes que seja tarde!

Ana: E tu, André? Ainda não sabemos o que é que tu pensas!

André: Para mim, a ideia de ir ao cinema é a melhor! O pior é que não decidimos qual o filme, nem a que sala vamos e já se está a fazer tarde!

José: André, tens o jornal de hoje? Queria consultar a página do roteiro, não só para nos informarmos dos filmes mas também dos horários.

Finalmente, meia-hora depois, escolheram unanimemente o filme.

André: Apesar de não ser muito tarde, duvido que ainda haja bilhetes para o cinema. O que é que acham?

António: Acho que devemos tentar, não creio que os bilhetes estejam esgotados. Está a chover e muitas pessoas preferem ficar em casa.

André: Bom! É melhor que eu telefone primeiro para lá, é mais seguro!

Ana: Sim, telefona. Vamos ver se temos sorte!

André: Temos sorte! Ainda há bilhetes!

Todos: Óptimo! Vamos embora!

Vocabulário

Interpretação

divertidos = alegremente entretidos

peça de teatro = obra teatral, texto dramático

representação = reprodução, descrição de um comportamento; nome dado ao trabalho dos actores

actuar = representar, exercer funções de actor

artistas = actores

bilheteira = sítio onde se vendem bilhetes

Compreensão

I — Responda às seguintes perguntas:

1. O que é que o André resolveu fazer à tarde?

_____

2. Qual foi a proposta que o Paulo fez aos amigos?

_____

3. Estavam todos de acordo com a Ana? Justifique.

_____

4. Porque é que o André achou mais seguro telefonar primeiro para o cinema?

_____

5. Por fim, o que é que resolveram fazer?

_____

II — Escolha as palavras ou expressões que melhor se aproximam às seguintes frases do texto:

1. "... quando um dos amigos resolveu dar a ideia de irem ao cinema ou ao teatro."

   a) dizer   b) propor   c) idealizar

2. "... há dois ou três filmes muito bons que eu gostava de ver."

a) que eu desejava ver   b) que eu adoraria ver

c) que eu preferia ver

3. "Podemos ir ao teatro, adoro representações ao vivo!"

a) aprecio   b) gosto muito de   c) escolho sempre

4. "É pena que não gostes, eu acho sensacional!"

a) engraçado!   b) divertido!   c) estupendo!

5. "Por mim, tanto faz."

a) não tenho preferência   b) vamos ao cinema   c) não quero ir

6. "Para mim, a ideia de ir ao cinema é a melhor!"

a) Por mim   b) Comigo   c) Na minha opinião

7. "...escolheram unanimemente o filme."

a) de comum acordo   b) particularmente   c) individualmente

8. "Acho que devíamos tentar,..."

a) experimentar   b) desistir   c) andar

III — *Preencha os espaços em branco ouvindo o texto:*

"À tarde, o André _____ quatro amigos _____ irem à sua casa tomar café. _____ todos divertidos _____um deles _____ dar a ideia de irem ao cinema ou ao teatro.

Paulo: — O que é que acham de _____ ao cinema ou ao teatro esta noite? Está uma óptima _____ no "S. Jorge" e _____ dois ou _____ filmes muito bons que eu _____ de ver. Então, _____ é a vossa opinião?"

Vocabulário

Prática

I — *Qual é o adjectivo de:*

Ex.: o cinema — cinematográfico

convidar _____
o amigo _____
o teatro _____
a representação _____
preferir _____
a ideia _____

II — *Qual é o oposto de:*

Ex.: claro — escuro

divertido _____
ir _____
óptima _____
bom _____
adorar _____
depressa _____

Gramática

Prática

I — *Modifique as frases começando por:*

1. "<u>É pena que</u> não gostes de teatro..."
   É pena_____

2. "...<u>não creio que</u> os bilhetes estejam esgotados."
   Creio que_____

II — *Substitua a(s) palavra(s) sublinhada(s) por um pronome pessoal:*

1. O André convidou <u>o Paulo, a Ana, o António e o José</u> para irem à sua casa tomar café.

_____

2. Para <u>o André</u> é preferível ir ao cinema.

_____

UNIDADE 4

FÉRIAS NO ALGARVE

Faro, 23 de Julho de 1993

Querida amiga,

Espero que esteja tudo bem contigo e com os teus pais. Por aqui, estamos todos bem, apesar de o Pedro estar um pouco constipado por causa das noites frescas de Verão. Tem estado um óptimo tempo e temos ido frequentemente à praia tomar banhos de sol e de mar. As noites têm estado um pouco frescas e é preciso vestirmos os casacos para sairmos de casa. Costumamos ir tomar café ou beber um sumo a uma esplanada à beira-mar e, depois, vamos dar uma volta a pé pela cidade.

Ontem fomos até à Praia da Rocha. É óptima, tem um extenso areal, mar calmo e rochas enormes, que formam túneis e cavernas por onde se pode passar para as praias vizinhas.

Tenho pena que não possas estar aqui connosco para nos divertirmos juntas!

É provável que eu vá visitar a Sofia a Portimão no domingo à tarde mas, para isso, é necessário que lhe telefones e digas que vou levar a encomenda que tu me entregaste antes de eu vir para cá. Oxalá não haja nada partido!... Caso a Sofia não esteja em casa, avisa-me para que eu possa passar lá noutra altura.

Ainda não decidimos ao certo quando vamos regressar, mas talvez partamos daqui no dia 28 de manhã, bem cedo, para podermos visitar outras localidades antes de chegarmos aí. Devemos estar na nossa casa por volta das 20:30. Mal chegue ao Porto telefono-te para contar as novidades.

Um grande beijo,

Joana

Vocabulário

Interpretação

beira-mar = perto ou junto do mar

dar uma volta = passear

localidades = povoações, lugares

Compreensão

I — *Responda às seguintes perguntas:*

1. Onde está a Joana, neste momento?

2. O que é que ela tem feito lá?

3. Como está o tempo?

4. A amiga da Joana pediu-lhe para ela lhe fazer um favor. Qual?

5. Quando é que a Joana tenciona voltar para o Porto?

II — *Escolha as palavras ou expressões que melhor se aproximam às seguintes frases do texto:*

1. "... apesar de o Pedro estar um pouco <u>constipado</u>"

   a) resfriado   b) cansado   c) amuado

2. "... temos ido <u>frequentemente</u> à praia..."

   a) raramente   b) poucas vezes   c) muitas vezes

3. "... é uma óptima praia com um <u>extenso</u> areal..."

   a) comprido   b) grande   c) pequeno

4. "... formando túneis e cavernas que <u>dão passagem</u> para outras praias."

a) atravessam a passagem   b) permitem a passagem

c) impedem a passagem

5. "<u>É provável que</u> eu vá visitar..."

a) É certo que   b) Duvido que   c) Talvez

6. "... <u>é necessário que</u> lhe telefones..."

a) é obrigatório   b) é claro que   c) é preciso que

7. " <u>Oxalá</u> não haja nada partido!"

a) Deus queira que   b) Talvez   c) Embora

8. "<u>Devemos</u> estar na nossa casa por volta das 20:30."

a) Concordamos   b) Pensamos   c) Queremos

III — *Preencha os espaços em branco ouvindo o texto:*

"É provável que eu _____ visitar a Sofia a _____ no domingo à tarde, mas, para isso, é _____ que lhe telefones e _____ digas que vou levar a _____ que tu me _____ antes de eu _____ para aqui. _____ não haja nada partido! Caso a Sofia não _____ em casa, avisa-me para _____ eu possa _____ lá noutra altura."

Vocabulário

Prática

I — *Indique opostos para as seguintes palavras:*

Ex.: grande - pequeno

frequentemente	_____
pouco	_____
fresca	_____
extenso	_____
calmo	_____
dão passagem	_____

II — *Qual é o substantivo de:*

Ex.: belo - a beleza

fresco   _____

calmo   _____

entregar   _____

formando   _____

visitar   _____

avisar   _____

Gramática

Prática

I — *Modifique as frases começando por:*

1 — É provável que eu vá visitar a Sofia.

É provável _____

2 — Caso a Sofia não esteja em casa.

No caso de _____

II — *Preencha os espaços em branco utilizando os verbos entre parêntesis:*

1. Hoje, ainda não sei se _____ (ir) ao cinema ou ao teatro. Talvez _____ (ir) ver um filme cómico.

2. Ontem, quando _____ (vir) do trabalho, _____ (ver) do outro lado da rua o meu irmão que _____ (ir) a entrar numa loja.

UNIDADE 5

NA UNIVERSIDADE

A Universidade de Coimbra é muito antiga e interessante. É a mais tradicional de Portugal, mantendo muito activa a sua comissão académica, isto é, uma organização estudantil que se esforça por manter viva a velha praxe universitária. No início de Maio, após a semana académica, durante a qual os alunos se divertem pelas ruas da cidade e em festas organizadas pelas diferentes faculdades, chega a época de preparação para os exames de Julho.

À porta da biblioteca da Universidade, estão três estudantes preocupados em compreender a matéria dada no ano lectivo...

Carlos: Tenho de estudar tanta matéria que não sei por onde começar. Oxalá consiga vencer o ano! Já estudaste tudo João?

João: Ainda não. Compreendo quase tudo, mas por mais que tente não consigo compreender o quarto capítulo deste livro. Tenho bastantes dúvidas sobre o assunto da página 53.

Rita: É, eu também! Por muito que estude, não sei se vou conseguir tirar uma boa nota no exame. Vou telefonar a um colega nosso que conheça toda a matéria dada durante as aulas.

Carlos: Telefona ao Jorge. Não há ninguém que saiba mais do que ele. É uma barra a quase todas as cadeiras!

Rita: É verdade! Como é que eu não me lembrei dele há mais tempo! Ele é a pessoa mais indicada para nos ajudar!

João: Óptimo! Encontramo-nos aqui amanhã para trocarmos algumas impressões. Até amanhã!

Vocabulário

Interpretação

tradição = costume, hábito antigo
académica = relativo à Academia, nome dado à Universidade
praxe = tradição
cadeira = disciplina
ano lectivo = ano de estudo

Compreensão

I — *Responda às seguintes perguntas:*

1. Como é considerada a Universidade de Coimbra?

2. O que é a comissão académica?

3. Em que consiste a semana académica? Em que mês se realiza?

4. O Carlos, o João e a Rita estão preocupados. Porquê?

5. O que é que eles decidem fazer para resolver o problema deles?

II — *Escolha as palavras ou expressões que melhor se aproximam às seguintes frases do texto:*

1. "...chega a época de preparação para os exames de Julho."

a) parte   b) basta   c) começa

2. "...estão três estudantes preocupados em compreender a matéria..."

a) agitados   b) pensativos   c) interessados

3. "...em compreender a matéria dada no ano lectivo."

a) recebida   b) consultada   c) ensinada

4. "...Oxalá consiga <u>vencer</u> o ano !"

a) passar de   b) conquistar   c) combater

5. "...não sei se vou conseguir <u>tirar</u> uma boa nota no exame."

a) fazer   b) alcançar   c) preparar

6. "...É <u>uma barra</u> a quase todas as cadeiras!"

a) um obstáculo   b) um óptimo aluno   c) um conhecedor

7. "Como é que eu não me lembrei dele <u>há mais tempo</u>!"

a) antes   b) há muito tempo   c) há anos

8. "Encontramo-nos aqui amanhã para trocarmos algumas <u>impressões</u>."

a) ideias   b) marcas   c) notas

III — *Preencha os espaços em branco ouvindo o texto:*

"A Universidade de Coimbra é _____ antiga e _____. É a _____ tradicional de Portugal, _____ muito activa a sua _____ académica, isto é, uma _____ estudantil que se _____ por manter viva a velha praxe _____."

Vocabulário

Prática

I — *Qual é o substantivo de:*

Ex: cantar - a canção

tradicional	_____
académica	_____
estudantil	_____
organizadas	_____
preocupados	_____
entendido	_____

29

II — *Qual é o nome para:*

Ex: Um conjunto de músicos - a orquestra

1. Um conjunto de ilhas: _____
2. Um conjunto de artistas que actuam no mesmo filme: _____
3. Um grupo de alunos na mesma sala de aula: _____

Gramática

Prática

I — *Altere as frases sem lhes modificar o sentido:*

1. Esforço-me sempre para conseguir ganhar o jogo, mas não consigo.

   Por muito que _____

2. Eu não como muito, mas não consigo emagrecer.

   Por pouco que _____

II — *Preencha os espaços em branco utilizando* **já** *ou* **ainda** :

1. _____ é tarde para irmos jantar fora? Não, _____ é cedo.

2. _____ não acabaste o trabalho? Não, _____ não acabei,

   falta-me um capítulo.

UNIDADE 6

A VIDA NA CIDADE

A vida na cidade é muito agitada. As pessoas andam apressadamente pelas ruas, de um lado para o outro, sem conhecer ninguém e sem dizer o que quer que seja.

De manhã, levantam-se muito cedo, por causa das enormes filas de carros que se formam pelas estradas e auto-estradas. Até chegarem aos empregos às 8:30 da manhã têm de suportar intermináveis esperas. Por onde quer que passem, encontram imenso trânsito, principalmente nas horas de ponta. Antes de se começar a trabalhar já se perderam tempo e energias preciosas. O barulho é intenso. Ouvem-se carros a buzinar, máquinas a funcionar, vozes indistintas a falar, a rir, a gritar.

À hora do almoço muitas pessoas saem do emprego, por breves instantes, para comerem qualquer coisa rápida, uma refeição ligeira e o indispensável café, a fim de as ajudar a manter o mesmo ritmo de trabalho. Pelas ruas caminham com os colegas e vão conversando sem verem quem vai ao lado ou quem se cruza com elas.

No fim do dia repetem-se os tormentos da manhã, desta vez em sentido inverso. Finalmente, chegam a casa entre as 6 e as 8 horas. Jantam, vêem televisão e vão dormir, para ganharem forças de modo a enfrentarem o dia seguinte.

À sexta-feira, deitam-se mais tarde porque não trabalham ao sábado. Vão ao cinema, a uma esplanada que tenha música ao vivo, ao teatro, à discoteca ou, para uma noite mais calma, vão a casa de amigos beber um copo.

Ao fim-de-semana, esperam que esteja bom tempo para poderem ir passear com a família, ir à praia tomar banhos de sol e de mar. Caso contrário, ficam sossegadamente em casa a descansar.

Vocabulário

Interpretação

trânsito = circulação de veículos

buzinar = barulho produzido pelo *cláxon* dos carros

indistintas = vozes que não se conseguem distinguir, diferenciar

cruzar-se = passar por outras pessoas

tormento = problema sério, aflição

Compreensão

I — *Responda às seguintes perguntas:*

1. Como é a vida na cidade?

_____

2. Como é o trânsito de manhã? Justifique com uma frase do texto.

_____

3. O que é que as pessoas fazem à hora do almoço?

_____

4. E à noite?

_____

5. Na cidade, a vida das pessoas durante a semana é diferente da do fim-de--semana. Justifique com frases do texto.

_____

II — *Escolha as palavras ou expressões que melhor se aproximam às seguintes frases do texto:*

1. "A vida na cidade é muito agitada."

a) intensa   b) sossegada   c) viva

2. "... e sem dizer o que quer que seja..."

a) bom dia   b) se cumprimentarem   c) nada

3. "Por onde quer que passem o trânsito é..."

a) Em qualquer lado por que   b) No caminho que

c) No emprego que

4. "... o trânsito é muito intenso em horas de ponta..."

a) a qualquer hora   b) a horas certas

c) às horas de ida ou volta do emprego

5. "... e gastam muito tempo..."

a) perdem   b) ganham   c) conquistam

6. " ...e vão dormir para ganharem forças..."

a) ganharem tempo   b) fortalecerem   c) recuperarem energias

7. "... a uma esplanada com música ao vivo..."

a) música forte   b) tocada pela rádio

c) tocada por um grupo de músicos ali presentes

8. "... vão a casa de amigos beber um copo."

a) tomar uma bebida   b) passar uma noite agradável

c) refrescar-se

III — *Preencha os espaços em branco ouvindo o texto:*

"De manhã, levantam-se muito _____ por causa das enormes _____ de carros que se formam pelas estradas e auto-estradas. Até _____ aos empregos às 8:30 da manhã têm de suportar intermináveis esperas. Por onde _____ que passem, _____ imenso _____, principalmente nas _____ de ponta."

Vocabulário

Prática

I — *Qual é o substantivo de:*

       Ex.: calmamente — a calma

       apressadamente: _____

       sossegadamente: _____

       intensamente: _____

       distintamente: _____

       rapidamente: _____

       indispensavelmente: _____

II — *Complete as palavras das seguintes frases:*

1. Para jogar ténis preciso de uma r_____.
2. Para me sentar preciso de uma c_____.
3. Quando quero cortar um pão uso uma f_____.
4. Ontem fui de e_____ até ao 6º andar.
5. Hoje andei de a_____ pela cidade toda.
6. Para comprar um bolo preciso de d_____.

Gramática

Prática

I — *Complete as frases utilizando as expressões adequadas:*

1. Em qualquer parte onde nós estejamos existem pessoas alegres.

   _____ nós estejamos existem pessoas alegres.

2. Por mais que digas, não me convences.

   _____ digas, não me convences.

II — *Complete as frases com os verbos entre parêntesis:*

1. Espero que amanhã _____ (começar) o bom tempo!
2. Quer _____ (fazer) sol quer _____ (chover) vou passear.

UNIDADE 7

DUAS AMIGAS NO CAFÉ

Duas amigas estavam sentadas no café a conversar, tranquilamente, sobre as suas vidas. Uma delas queria comprar uma bonita quinta cheia de árvores de fruto, campos de cultivo, com um pequeno ribeiro junto de uma grande casa branca que tivesse flores nas janelas. A outra gostaria de comprar um carro desportivo para passear junto à praia...

Empregado do café: Boa tarde! O que desejam?

Filipa: Eu queria um sumo de laranja e um bolo, por favor! E tu, Clara?

Clara: Eu desejava um copo de leite bem quente e uma torrada com pouca manteiga, se faz favor!

Filipa: Então, Clara? Já compraste o carro dos teus sonhos?

Clara: Não, ainda não! Quem me dera que pudesse comprá-lo amanhã! Talvez consiga adquiri-lo daqui a quatro anos. E tu ? A tua quinta maravilhosa?

Filipa: Conheço uma no Norte, que vai ser vendida dentro em breve. Estou à espera da resposta do banco em relação ao empréstimo que pedi há duas semanas. Seria tão bom se eles me respondessem hoje!

Clara: Lá isso é verdade! Poderias comprá-la já!

Filipa: É uma quinta muito agradável, fica num vale e tem um grande terreno à volta de uma casa térrea, cheia de flores coloridas nas janelas. Olha, é como se fosse um quadro de um pintor famoso!

Clara: Tomara que consigas realizar o teu sonho!

Filipa: E tu? Porque é que não pedes um empréstimo bancário?

Clara: Não quero. Sentir-me-ia como se não fosse a proprietária do carro.

Filipa: Bom, então espero que os quatro anos passem depressa! Agora tenho de me ir embora. Vou ao banco. Adeus!

Clara: Adeus e boa sorte!

Vocabulário

Interpretação

quinta = propriedade rural, com terra para agricultura e uma casa de habitação

ribeiro = rio pequeno

torrada = fatia de pão aquecida com manteiga

vale = planície entre montanhas

terreno = porção de terra

Compreensão

I — *Responda às seguintes questões:*

1. Sobre o que é que as duas amigas estão a conversar?

_____

2. Qual é o grande sonho da Clara?

_____

3. E o da amiga?

_____

4. Qual delas poderá conseguir concretizar o sonho primeiro? Porquê?

_____

5. Porque é que a Clara não quer pedir um empréstimo bancário?

_____

II — *Escolha as palavras ou expressões que melhor se aproximam às seguintes frases do texto:*

1. "...sentadas no café a conversar <u>tranquilamente</u>"

   a) sossegadamente   b) animadamente   c) interessadamente

2. "...uma bonita quinta cheia de árvores de fruto, <u>campos de cultivo</u>."

   a) campos de legumes   b) campos de agricultura

   c) campos relvados

3. "...talvez eu consiga <u>adquiri-lo</u> daqui a quatro anos."

a) achá-lo   b) encontrá-lo   c) comprá-lo

4. "...que vai ser vendida <u>dentro em breve</u>".

a) dentro de alguns minutos   b) brevemente   c) amanhã

5. "... um grande terreno à volta de uma <u>casa térrea</u>."

a) casa com jardim   b) casa com um só piso   c) subterrânea

6. "...cheia de flores <u>coloridas</u>."

a) cheirosas   b) com cores vivas   c) de várias cores

7. "...<u>como se fosse</u> um quadro de um pintor famoso!"

a) mesmo que fosse   b) parecido com   c) talvez como

8. "...como se não fosse <u>proprietária</u> do carro."

a) dona   b) chefe   c) motorista

III — *Preencha os espaços em branco ouvindo o texto:*

"Duas amigas estavam _____ no café a conversar, tranquilamente, _____ as suas vidas. _____ delas queria comprar uma bonita quinta _____ de árvores de _____, campos de cultivo, com um ribeiro junto de uma _____casa branca que tivesse _____ nas janelas."

Vocabulário

Prática

I — *Complete as frases com nomes começados por:*

Ex: Para cortar pão precisamos de uma <u>faca</u>.

1. Para abrir uma porta precisamos de uma c_____.
2. Para limpar a boca, durante as refeições, precisamos de um g_____.
3. Para pregar um prego precisamos de um m_____.
4. Para limpar o pó do chão precisamos de um a_____.
5. Para guardar o carro precisamos de uma g_____.
6. Para nos protegermos da chuva precisamos de um g_____.

II — *Qual é o verbo apropriado:*

Ex.: Quando o espectáculo terminou toda a gente ___b)___ palmas.

a) atirou   b) bateu   c) gritou

1. Nesta peça de teatro, o actor principal _____ o papel de detective.

a) desempenha   b) actua   c) representa

2. Para comprar o casaco precisei de _____ um cheque.

a) escrever   b) dar   c) passar

3. Amanhã vou _____ de avião para o Brasil.

a) voar   b) levantar   c) viajar

Gramática

Prática

I — *Preencha os espaços em branco utilizando os verbos entre parêntesis:*

1. O Pedro _____ (falar) tão bem como se _____ (ser) um político.

2. O João disse que os meus primos talvez _____ (vir). Tomara que isso _____ (ser) verdade, mas ele é tão mentiroso!

II — *Substitua as palavras sublinhadas por pronomes pessoais, fazendo as alterações necessárias:*

Ex.: As crianças deram <u>as canetas</u> <u>ao professor</u> .
     As crianças deram-<u>lhas</u> .

1. A Joana deu <u>uma boneca</u> <u>à irmã</u>.

_____

2. A mãe comprou <u>casacos novos</u> <u>aos filhos</u>.

_____

UNIDADE 8

QUEM ERA O SENHOR JOAQUIM?

O Senhor Joaquim era um simpático agricultor, de 60 anos, que vivia com a sua mulher numa pequena casa na encosta de um monte. Trabalhava numa quinta com um vasto campo de cultivo. Todas as manhãs, saía de casa logo de madrugada para ir cultivar a terra. Tomava um pequeno-almoço substancial porque ficava muitas horas sem comer, visto que só voltava a casa às 3 horas da tarde para almoçar.

Este senhor gostava muito do seu trabalho e também apreciava falar, especialmente com os jovens que se mostravam interessados em ouvi-lo.

Um dia, encontrou um grupo de adolescentes da sua terra. Encantado com a oportunidade, sentou-se numa pedra junto ao riacho que servia para regar os campos e contou-lhes a vida dura de quem trabalha no campo. Disse-lhes que, primeiro, era necessário sulcar a terra com o arado para depois poder colocar as sementes. Em seguida, tinha de esperar que a água fosse suficiente para regar o campo. Se o Inverno fosse chuvoso, a terra ficaria mais fértil, mas se fosse seco era necessário ir buscar água ao riacho para que os legumes não murchassem. Além disso, devia ainda adubar a terra para que os vegetais crescessem bastante.

Finalmente, disse-lhes que era necessário trabalhar de sol a sol para se conseguirem boas colheitas. Era importante vigiar, constantemente, o crescimento da plantação, não fossem aparecer aqueles bichos, a que se chamam pragas, que destruiriam todo o trabalho feito com carinho. Após 2 horas de conversa o Senhor Joaquim levantou-se, satisfeito com o interesse dos jovens, e foi continuar o seu trabalho.

Vocabulário

Interpretação

encosta = inclinação do monte
monte = elevação de terreno
sulcar = abrir a terra com o arado
arado = instrumento agrícola usado para separar a terra
cultivar = praticar agricultura
murchar = secar, morrer (plantas ou flores)
riacho = rio pequeno
regar = molhar a terra ou as plantas
legumes = vegetais

Compreensão

I — *Responda às seguintes perguntas:*

1. Quem era o Sr. Joaquim?
_____

2. Onde morava este senhor?
_____

3. O que é que ele mais gostava de fazer?
_____

4. O que é que ele contou aos jovens?
_____

5. Porque é que era necessário vigiar, constantemente, o crescimento das plantas?
_____

II — *Escolha as palavras ou expressões que melhor se aproximam às seguintes frases:*

1. "Trabalhava numa quinta com um <u>vasto</u> campo de cultivo..."

   a) grande   b) gigantesco   c) vistoso

2. "Tomava um pequeno-almoço <u>substancial</u>..."

   a) pequeno   b) nutritivo   c) com substância

3. "... a vida <u>dura</u> de quem trabalha no campo."

   a) saudável   b) fácil   c) árdua

4. "... para depois poder colocar as sementes..."

a) pousar   b) entalar   c) pôr

5. "Se o Inverno fosse chuvoso..."

a) com muita chuva   b) com pouca chuva   c) sem chuva

6. " ...a terra ficaria mais fértil..."

a) fecunda   b) húmida   c) propícia

7. " ...era necessário trabalhar de sol a sol ..."

a) quando está sol   b) durante o tempo quente   c) todo o dia

8. "Tinha de se vigiar, constantemente, o crescimento..."

a) sempre   b) de vez em quando   c) algumas vezes

III — *Preencha os espaços em branco ouvindo o texto:*

"Um dia encontrou um _____ de adolescentes da sua _____.
Encantado com a _____, sentou-se _____ pedra junto ao
_____ que servia para regar os campos e contou-lhes a vida _____
de quem trabalha no campo. _____ que, primeiro, era necessário sulcar
a terra _____ o seu arado para depois _____ colocar as sementes..."

Vocabulário

Prática

I — *Qual é o plural de:*

        Ex.: a caneta - as canetas

        o relógio: _____

        a caixa: _____

        o pão: _____

        a mesa: _____

        o lápis: _____

        o pincel: _____

II — Complete as frases:

Ex.: Este livro é muito, muito interessante.

Este livro é <u>interessantíssimo</u>.

1. Aquela casa é muito, muito linda.

   Aquela casa é _____.

2. Esse bolo é muito, muito bom.

   Esse bolo é_____.

3. Aquela casa é muito, muito antiga.

   Aquela casa é _____.

Gramática

Prática

I — Preencha os espaços em branco utilizando os verbos entre parêntesis:

1. Se eu _____ (saber) cultivar, _____ (comprar) uma quinta.

2. Se nós _____ (abrir) um restaurante, a Teresa _____ (fazer) as sobremesas.

II — Ponha no discurso directo as seguintes frases do texto:

1. "primeiro, tinha de sulcar a terra com o arado para depois poder colocar as sementes..."

   _____

2. "Se o Inverno fosse chuvoso, a terra ficaria mais fértil..."

   _____

UNIDADE 9

UMA VIAGEM AOS PIRINÉUS

Eram seis horas da manhã. Eu e os meus amigos estávamos prontos para iniciar uma longa viagem até aos Pirinéus. O dia estava muito escuro, pois havia nuvens negras no céu, ameaçando chover. Estava muito vento e frio. Metemos as nossas malas no carro e parámos um pouco para pensar se nos tínhamos esquecido de alguma coisa. Esperávamos que o tempo melhorasse durante a viagem. Arrancámos devagar porque era cedo e não tínhamos pressa. O Álvaro, que ia ao volante, guiava o carro com muito cuidado pois, ultimamente, tinha havido muitos acidentes nas estradas e auto-estradas do país e não queríamos que acontecesse o mesmo connosco.

Para que chegássemos ao nosso destino, era preciso passar por vários lugares interessantes, tanto no nosso país como no país vizinho. Atravessámos pontes, montanhas, parques naturais e cidades grandes e pequenas.

Recordo-me, especialmente, de várias aldeias e vilas rurais, típicas, onde as pessoas eram simpáticas, simples e prestáveis. A certa altura, no meio de uma pequena estrada do interior, sem um único posto de gasolina perto, acabou-se o combustível. Após quinze minutos, já estávamos desesperados. Desejávamos que alguém passasse por ali e parasse para nos ajudar, mas nada. Finalmente, mais algum tempo depois, apareceu um lavrador a conduzir uma carroça cheia de verduras. Esse homem ia vender os seus produtos a uma feira que se realizava todos os meses numa bonita vila da região. Perguntámos-lhe se era possível comprar lá combustível. Ele disse que sim, que a vila não ficava longe e que podíamos ir lá com ele e voltar a pé sem problemas. Assim fizemos. Conseguimos a gasolina e, deste modo, pudemos continuar a nossa viagem.

Demorámos mais dias a chegar aos Pirinéus. A viagem foi óptima e, até hoje, não nos arrependemos de ter passado as férias nesse lugar maravilhoso, onde havia muita neve para praticarmos esqui.

Vocabulário

Interpretação

arrancámos = partimos; iniciámos viagem
acidentes = desastres
lavrador = camponês, agricultor

Compreensão:

I — *Responda às seguintes perguntas:*

1. Para onde é que eles iam?

2. Como estava o tempo nesse dia?

3. Porque é que o Álvaro conduzia o carro com muito cuidado?

4. O que é que lhes aconteceu pelo caminho?

5. Quem é que os ajudou?

II — *Escolha as palavras ou expressões que melhor se aproximam às seguintes frases do texto:*

1. "Eu e os meus amigos estávamos prontos para iniciar uma longa viagem."

   a) começar   b) acabar   c) preparar

2. "... guiava o carro com muito cuidado..."

   a) cuidadosamente   b) sem pressa   c) muito lentamente

3. "... ultimamente, tem havido muitos acidentes"

   a) neste momento   b) nos últimos tempos   c) continuamente

4. "...era preciso passar por vários lugares interessantes..."

   a) muitos   b) alguns   c) poucos

5. "A certa altura, acabou-se o combustível..."

a) Num dado momento   b) De repente   c) Em certa época

6. "Após quinze minutos, já estávamos desesperados..."

a) cansados   b) preocupados   c) aflitos

7. "... desejávamos que alguém passasse por ali..."

a) queríamos que   b) sabíamos que   c) esperávamos que

8 "Ele disse que a vila não ficava longe..."

a) Ele respondeu que   b) Ele achou que   c) Ele questionou se

III — *Preencha os espaços em branco ouvindo o texto:*

"Recordo-me, especialmente, de _____ aldeias e vilas rurais, típicas, onde as pessoas eram simpáticas, simples e _____. A certa altura, no meio de uma _____ estrada do _____, sem um _____ posto de gasolina perto, acabou-se o _____. Após quinze minutos, já estávamos _____. Desejávamos que alguém _____ por ali e parasse para nos ajudar, mas nada."

Vocabulário

Prática

I — *Qual é o oposto de:*

Ex.: branco - preto

escuro: _____

negras: _____

frio: _____

interessantes: _____

simpáticas: _____

apareceu: _____

UMA VIAGEM AOS PIRINÉUS

II — *Qual é o substantivo de:*

Ex.: correr - a corrida

chover: _____

pensar: _____

passar: _____

desesperados: _____

comprar: _____

praticar: _____

Gramática

Prática

I — *Ponha no discurso directo as seguintes frases do texto:*

1. "Perguntámos-lhe se era possível comprar lá combustível."

_____

2. "Ele disse que sim, que a vila não ficava longe e que podíamos ir lá com ele e voltar a pé sem problemas".

_____

II — *Preencha os espaços em branco utilizando os verbos* ser *e* estar *correctamente:*

_____ quatro horas da tarde e _____ muito calor na praia. O Pedro _____ sentado à sombra a ler um livro e a Ana _____ a nadar no mar. Eles _____ amigos desde a escola. Na escola, ele _____ um bom aluno a Matemática e agora _____ a estudar Economia na Universidade.

UNIDADE 10

UMA NOTÍCIA DESAGRADÁVEL

— Boa noite, senhores telespectadores. Vamos dar início ao noticiário das 21:30... Segundo fontes informativas da nossa televisão, que acompanharam de perto a catástrofe do Vale de Rego, mais de cinquenta pessoas, entre as quais sete crianças, deram entrada no hospital local, intoxicadas por uma matéria poluente. O tóxico apareceu misteriosamente no rio que serve essa população e a região vizinha, abrangendo um raio de 30 quilómetros. O estado da maior parte destas pessoas parece ser grave, apresentando vários ferimentos epidérmicos de difícil tratamento. Todos os atingidos sofrem igualmente de náuseas e febre elevada. Esta situação provocou a indignação dos familiares bem como do Presidente da Junta de Freguesia.

Segundo os repórteres conseguiram apurar até ao momento, o problema parte de uns produtos químicos que foram lançados ao rio, sem conhecimento das autoridades locais. Esses produtos estão, neste momento, a ser analisados em laboratórios especializados a fim de que seja possível descobrir a sua origem e punir os culpados por este grave incidente.

A televisão esteve lá e entrevistou o Presidente, para saber o que se passou:

Jornalista: Senhor Presidente, o senhor sabia que isto ia acontecer?

Presidente: Desconhecia totalmente a situação. Este rio é muito importante para nós e só espero que tudo se resolva o mais rapidamente possível, para que não haja mais vidas em perigo.

Jornalista: O senhor desconfia de alguma fábrica, aqui perto, que tenha despejado desperdícios aqui no rio?

Presidente: Não, não desconfio de nenhuma fábrica e quem me dera que eu soubesse quem foi o culpado. Vamos esperar pelos resultados das investigações finais para poder agir dentro da lei.

Jornalista: Muito obrigado, senhor Presidente. Oxalá tudo se resolva rapidamente e as pessoas hospitalizadas recuperem brevemente!

Vocabulário

Interpretação

catástrofe = tragédia
matéria = substância
ferimento = ferida
epidérmico = de pele
náusea = enjôo

Compreensão

I — *Responda às seguintes questões:*

1. O que aconteceu no Vale do Rego?

_____

2. Quantas pessoas deram entrada no hospital? Porquê?

_____

3. O que é que os repórteres apuraram?

_____

4. A matéria poluente está a ser analisada em laboratórios. Para quê? Justifique com uma frase do texto.

_____

5. O que é que o Presidente disse aos jornalistas?

_____

II — *Escolha as palavras ou expressões que melhor se aproximam às seguintes frases do texto:*

1. "Segundo <u>fontes informativas</u> da nossa televisão..."

   a) descobertas   b) testemunhas que deram informações
   c) informações locais

2. "...que <u>acompanharam de perto</u>..."

   a) estiveram presentes   b) passavam perto   c) participaram

3. "...que <u>serve</u> essa região..."

   a) ajuda   b) banha   c) abastece

4. "...populações vizinhas, abrangendo <u>um raio de</u> 30 quilómetros..."

a) uma área de   b) uma tempestade de   c) um caminho de

5. "O estado <u>da maior parte das</u> pessoas..."

a) de algumas   b) de várias   c) de quase todas

6. "...que causam <u>náuseas</u> e febre elevada."

a) enjôos   b) nojo   c) impressão

7. "Segundo os repórteres <u>apuraram</u>..."

a) descobriram   b) encontraram   c) souberam

8. "...os culpados por este grave <u>incidente</u>..."

a) acontecimento   b) equívoco   c) erro

III — *Preencha os espaços em branco ouvindo o texto:*

"Segundo os repórteres _____ apurar até ao momento, o problema parte de uns produtos que _____ que foram lançados ao rio sem conhecimento das _____ locais. Esses produtos estão, neste momento, a ser _____ em laboratórios especializados a fim de que seja possível _____ a sua origem e punir os culpados por este grave _____."

Vocabulário

Prática

I — *Qual é a profissão de:*

Ex.: cozinhar - o cozinheiro

esculpir: _____

ensinar: _____

cantar: _____

jogar futebol: _____

tocar piano: _____

nadar: _____

II — *O que é que faz o:*

Ex.: O pintor - o pintor pinta.

O pescador: _____
O bombeiro: _____
O mecânico: _____
O agricultor: _____
O sapateiro: _____
O jardineiro: _____

Gramática

Prática

I — *Complete as frases com os verbos entre parêntesis:*

1. Amanhã, talvez eu _____ (ir) contigo para Lisboa.

2. Se não _____ (ser) o meu exame, era provável que eu _____ (ir) contigo.

II — *Complete as frases com o grau de comparação dos adjectivos:*

Ex.: O Pedro mede 1,70 metro de altura e o João mede 1,85 m de altura.
O Pedro é mais alto do que o João.

1. Aquela casa branca tem 7 m de largura, mas a casa azul tem 5 m de largura.

A casa branca é _____ do que a azul.

2. A mesa da sala tem 2 m de comprimento, mas a mesa da cozinha tem 1,20 m de comprimento.

A mesa da cozinha é _____ do que a mesa da sala.

UNIDADE 11

PLANOS PARA O FUTURO

Um dia à tarde, dois amigos que frequentavam a mesma escola resolveram fazer planos para o futuro. Um deles era bastante estudioso e ambicioso, só pensava em alcançar uma boa classificação final, entrar para a Universidade e, depois, vir a ocupar um lugar importante numa empresa. O outro era pouco trabalhador, preferia gozar a vida enquanto era jovem e punha de lado os estudos, pensando só em divertir-se com os amigos.

Luís: Bom dia, Jorge! Então, está tudo bem? Não dormiste bem esta noite? Estás com uma cara de sono!

Jorge: Olha! Ontem fui conhecer uma discoteca que abriu há pouco tempo. É excelente. Só espero é que mantenha sempre um bom ambiente. É espaçosa, tem óptima música e uma decoração espectacular. Hei-de lá ir sempre que puder!

Luís: Ouve lá: tu não estudas nada! Não pensas no teu futuro?

Jorge: Às vezes penso. O que eu queria era ter um negócio como a discoteca. Quando acabar a escola, vou fazer os possíveis para conseguir ter um lugar deste género.

Luís: Para isso, tens de trabalhar primeiro. Nunca pensaste nisso?

Jorge: É. Tens razão! Mas que tipo de emprego é que eu poderia arranjar?

Luís: Quanto a isso não sei. Mas eu já decidi o que quero da minha vida. Assim que terminar a escola, vou entrar para a Universidade e lá tenciono estudar muito. Mesmo que tenha de fazer das tripas coração, hei-de conseguir tirar uma boa média no curso. É que, mais tarde, pretendo ser um advogado de prestígio e trabalhar como consultor jurídico numa grande empresa.

Jorge: És muito ambicioso. Enquanto eu puder quero divertir-me ao mesmo tempo que estudo. Tu só pensas em trabalhar. Quando é que te divertes?

Luís: Há tempo para tudo. No próximo sábado não tenho que estudar. Vamos juntos a essa discoteca que tu conheces?

Jorge: Fantástico! Vou buscar-te a casa às dez horas da noite!

Vocabulário

Interpretação

espaçosa = com bastante espaço / ampla
decoração = ornamentação
espectacular = óptima
negócio = comércio
consultor = que dá conselhos
fantástico = espectacular

Compreensão

I — *Responda às seguintes questões:*

1. O que faziam os dois amigos?

2. Qual era o mais estudioso? Porquê? Justifique com uma frase do texto.

3. O que é que o Jorge disse ao amigo sobre o dia anterior?

4. Quais são os planos do Jorge para o futuro?

5. E do Luís?

II — *Escolha as palavras ou expressões que melhor se aproximam às seguintes frases do texto:*

1. "...só pensava em alcançar uma boa classificação final ".

   a) passar no exame   b) tirar uma boa média   c) passar de ano

2. "...preferia gozar a vida..."

   a) viver   b) fazer pouco da vida   c) divertir-se

3. "...e punha de lado os estudos..."

   a) atirava para fora   b) punha ao lado dele   c) não se interessava por

4. "Vou lá sempre que puder."

a) que tiver oportunidade   b) que quiser   c) que deixarem

5. "Quando acabar a escola vou fazer os possíveis para..."

a) possivelmente   b) quem sabe   c) esforçar-me

6. "Assim que terminar a escola..."

a) Já que   b) Ainda que   c) Logo que

7. "Quero ser um advogado de prestígio..."

a) prestável   b) importante   c) inteligente

8. "Tu só pensas em estudar. "

a) te interessas por   b) imaginas em   c) sonhas em

III — *Preencha os espaços em branco ouvindo o texto:*

"Um dia _____ tarde, dois amigos que _____ a mesma escola _____ fazer planos para o futuro. Um _____ era bastante estudioso e _____, só pensava em alcançar uma boa _____ final, entrar para a Universidade e, depois, _____ a ocupar um lugar importante numa empresa. O outro era pouco trabalhador, preferia gozar a vida _____ era jovem..."

Vocabulário

Prática

I — *Qual é o feminino de:*

Ex.: o galo - a galinha

o patrão: _____

o irmão   _____

o polícia: _____

o cão: _____

o poeta: _____

o rei: _____

II — *Complete as frases utilizando as formas correctas dos adjectivos entre parêntesis:*

Ex.: Estas maçãs são muito *boas* (bom).

1. Portugal é um país da comunidade _____ (europeu).
2. Estava frio, a praia estava _____ (deserto).
3. Estes livros são muito _____ (útil).
4. A carne não está cozida, está _____ (cru).
5. Hoje comi comida _____ (chinês).
6. A entrada no museu é _____ (grátis).

Gramática

Prática

I — *Preencha os espaços em branco utilizando os verbos entre parêntesis:*

1. Assim que tu _____ (chegar), nós _____ (poder) ir visitar a nossa mãe.

2. Oxalá ele _____ (estar) em casa esta noite.

II — *Preencha os espaços em branco utilizando os verbos entre parêntesis:*

1. Espero que tudo _____ (correr) bem no teu aniversário.

2. É necessário que _____ (dizer) toda a verdade.

UNIDADE 12

CARTA COMERCIAL

Exmo. Sr.
António Carvalho
AB, Lda.
5600 Castelo

Cambra, 2 de Outubro de 1992

Exmo. Senhor,

Temos em nosso poder a carta de V. Exa., datada de 20 de Setembro, pedindo-nos para lhe enviarmos trezentas unidades dos nossos produtos de elevada qualidade e para lhe mandarmos o catálogo com os preços do próximo ano, se estes forem alterados.

Sentimos muito informá-lo de que, nesta altura do ano, os nossos melhores produtos estão praticamente esgotados, devido à enorme procura que tiveram, durante a época de Verão. Na realidade, os pedidos excederam em muito as nossas expectativas. Por este motivo, de momento é-nos absolutamente impossível executar a encomenda pretendida por V. Exa.

Contudo, se decidir esperar pela nova remessa, que estará pronta em finais do próximo trimestre, teremos muito gosto em enviar-lhe a mercadoria atempadamente.

Os nossos produtos sofrerão algumas melhorias no fabrico e terão nova apresentação, pelo que enviamos a V. Exa. o novo catálogo ilustrado onde poderá apreciar as alterações a que foram submetidos.

Inclusa nesta carta, está a nova lista de preços dos nossos produtos, acrescida de uma taxa de 7% que entrará em vigor a partir do próximo ano.

Convictos de que aceitará o nosso pedido de desculpas e aguardando notícias de V. Exa., subscrevemo-nos com toda a consideração.

De V. Exa.
Atentamente
Joaquim Costa

Vocabulário

Interpretação

encomenda = pedido
remessa = encomenda a enviar a um destinatário
ilustrado = com imagens, ilustrações
inclusa = contida
subscrever = assinar
consideração = respeito
V. Exa. = vossa excelência

Compreensão

I — *Responda às seguintes questões:*

1. Quando é que o Sr. Carvalho mandou uma carta à fábrica do Sr. Costa?

2. O que é que o Sr. Carvalho pediu?

3. O Sr. Costa vai mandar-lhe a encomenda ? Porquê?

4. Qual foi a proposta que o Sr. Costa fez ao Sr. Carvalho? Justifique com uma frase do texto.

5. O que é que o Sr. Costa incluiu na carta que mandou ao Sr. Carvalho?

II — *Escolha as palavras ou expressões que melhor se aproximam às seguintes frases do texto:*

1. "... pedindo-nos para lhe <u>enviarmos</u>..."

   a) mandarmos   b) informarmos   c) contarmos

2. "... produtos de <u>elevada</u> qualidade..."

   a) boa   b) muito boa   c) alguma

3. "... com os preços do <u>próximo</u> ano..."

   a) deste ano   b) do ano passado   c) do ano que vem

4. "... os nossos melhores produtos estão <u>praticamente</u> esgotados..."

a) quase   b) todos   c) já

5. "... excedendo as nossas <u>expectativas</u>."

a) esperanças   b) vontades   c) previsões

6. "... é-nos <u>absolutamente</u> impossível..."

a) totalmente   b) quase   c) sempre

7. "... enviar-lhe a mercadoria <u>atempadamente</u>."

a) dentro de algum tempo   b) dentro do prazo
c) o mais breve possível

8. "... uma taxa de 7% que <u>entrará em vigor</u>..."

a) terá início   b) será organizada   c) será feita

III — *Complete o texto ouvindo o texto:*

"Sentimos muito _____ de que, nesta altura do ano, os _____ melhores produtos estão praticamente _____, devido à enorme _____ que tiveram durante a época de Verão. Na _____ , os pedidos _____ em muito as nossas expectativas. Por este motivo, de momento _____ absolutamente impossível executar a encomenda _____ por V. Exa."

Vocabulário

Prática

I — *Qual é o verbo de:*

Ex.: o início - iniciar

o produto: _____
a encomenda: _____
esgotados: _____
a procura: _____
pretendida: _____
acrescida: _____

57

II — **Qual é o oposto de:**

Ex.: subir - descer

enviar: _____
elevada qualidade: _____
alterados: _____
melhores: _____
nova: _____
entrar: _____

Gramática

Prática

I — **Preencha os espaços em branco utilizando os verbos entre parêntesis:**

1. Quando _____ (enviar) a encomenda que te pedi, não te _____ (esquecer) de pôr a morada correcta.

2. Se _____ (fazer) o exercício correctamente, _____ (ter) uma boa nota no teste.

II — **Substitua as palavras sublinhadas por pronomes:**

Ex.: Ontem, nós comprámos os bilhetes para o Circo.
     Ontem, nós comprámo-los para o Circo.

1. A Ana convidou os amigos para tomar café.
   A Ana convidou _____ para tomar café.

2. O José levou uma prenda à Ana.
   O José levou _____ uma prenda.

UNIDADE 13

O VINHO DO PORTO

Dois turistas vinham de avião para Portugal, para passarem 8 dias de férias no Porto. Durante a viagem, trocavam impressões sobre o que conheciam desta cidade.

Jean: Quando lá chegarmos, quero visitar as caves do Vinho do Porto. Dizem que o vinho é óptimo. Muito diferente de todos os outros que conhecemos.

Martin: É verdade! Um amigo meu já esteve na cidade e disse-me que, para além do interesse histórico que tem, é importante que visitemos também as caves onde se guarda o vinho, que são do outro lado do rio Douro, em Gaia.

Jean: Gaia?

Martin: Sim! É uma cidade que fica na margem sul do Douro, mesmo em frente ao Porto. Disse também que, no Verão, põem mesas e cadeiras nos passeios junto ao rio. Pode beber-se vinho do Porto, ouvir música e ver a parte antiga da capital nortenha.

Jean: Ah, sim! Essa zona do Porto chama-se Ribeira. Li nos prospectos que fui buscar à Agência de Viagens.

Martin: Acho que à noite é óptimo estar na esplanada, perto das caves, a ver as luzes da Ribeira. O meu amigo disse-me que, enquanto lá estivermos, não vamos querer outra coisa!

Jean: E do vinho do Porto? O que é que ele te disse?

Martin: Disse que é considerado nobre, isto é, devido à sua elevada qualidade deve ser tomado como aperitivo e não como vinho de mesa. Quanto às caves, disse que são muito interessantes e podem ver-se as pipas todas empilhadas.

Jean: O que são pipas?

Martin: São barris, feitos com uma madeira especial, que servem para envelhecer o vinho. É lá que estão escritos os anos que ele tem, assim como a qualidade da colheita.

Jean: Não vejo a hora de chegar! Até já tenho água na boca só de pensar nessas pipas cheias desse vinho tão famoso!

Vocabulário

Interpretação

cave = adega

margem = cada um dos lados de um rio

nortenha = do norte

vinho nobre = vinho generoso

vinho de mesa = bebido às refeições

pipa = barril

envelhecer = tornar velho

colheita = recolha

Compreensão

I — *Responda às seguintes questões:*

1. Para onde iam os dois turistas?

_____

2. Por quanto tempo?

_____

3. Sobre o que é que eles estavam a falar?

_____

4. Eles já tinham estado no Porto antes?

_____

5. Quais são as duas grandes zonas de interesse nesta cidade ou relacionadas com ela?

_____

II — *Escolha as palavras ou expressões que melhor se aproximam às seguintes frases do texto:*

1. "Durante a viagem trocaram impressões..."

   a) opiniões   b) vistas   c) conselhos

2. " ...mesmo em frente ao Porto."

a) exactamente   b) igual   c) próprio

3. "...e ver a parte antiga da cidade..."

a) moderna   b) velha   c) antiquada

4. " Li nos prospectos..."

a) folhas   b) papéis   c) folhetos

5. "...devido à sua elevada qualidade deve ser tomado..."

a) tem de   b) precisa de   c) é aconselhável

6. "... podem ver-se as pipas todas empilhadas..."

a) empacotadas   b) encaixadas   c) sobrepostas

7. "Até já tenho água na boca..."

a) estou aflito   b) estou com sede   c) estou desejoso

8. "...que está escrito os anos que ele tem..."

a) a idade do vinho   b) o tempo do vinho   c) a origem do vinho

III — *Preencha os espaços em branco ouvindo o texto:*

"Dois turistas vinham de avião para Portugal, para passarem 8 dias de_____ no Porto. _____ a viagem, trocavam _____ sobre o que _____ desta cidade:

Jean: — Quando lá _____, quero visitar as Caves do _____ do Porto. Dizem que o vinho é _____. Muito diferente de _____ os outros que conhecemos."

Vocabulário

Prática

I — *Como se chama?*

Ex.: Uma pessoa que fala várias línguas - *poliglota.*

1. Uma pessoa que pratica ginástica: _____
2. Uma pessoa que dirige uma orquestra: _____
3. Uma pessoa que mora numa cidade: _____
4. Uma pessoa que escreve livros: _____
5. Uma pessoa que trata os doentes: _____
6. Uma pessoa que conduz um camião: _____

II *Qual é o feminino de:*

Ex.: o professor - a professora.

o actor: _____
o director: _____
o artista: _____
o escritor: _____
o jornalista: _____
o cantor: _____

Gramática

Prática

I — *Complete as frases com os verbos entre parêntesis:*

1. Se tu _____ (ser) professor _____ (dar)-me explicações.

2. Se ele _____ (querer) ir connosco à praia _____ (ser) mais divertido.

II — *Complete as frases com os verbos entre parêntesis:*

1. Farei o que _____ (ser) preciso para te _____ (ajudar).

2. Amanhã o museu está fechado. Quem _____ (querer) visitá-lo _____ (ter) que esperar mais um dia.

UNIDADE 14

A CASA NOVA

Um casal de jovens, o Álvaro e a Maria, resolveu comprar um apartamento. Quando casarem, querem ir viver para lá, mas não sabem muito bem como o vão decorar. Convidam um casal amigo para visitarem a casa e, assim, darem a sua opinião.

Jaime: Bom dia! Esperaram muito tempo por nós? Espero que não estejamos muito atrasados!

Álvaro: Não, não estão. Vamos lá entrar para ver o que se pode fazer para pôr isto bonito!

Depois de examinarem tudo, os amigos disseram:

Jaime e Inês: O vosso apartamento é fenomenal! É espaçoso, as divisões são grandes e a cozinha é um encanto!

Maria: Pois é! Mas não sabemos por onde começar a decorá-lo. Tenho várias ideias diferentes.

Inês: Eu gosto imenso de mobiliário moderno. Acho que uma decoração a preto e branco ia mesmo a calhar!

Álvaro: Hum!... Não acho, fica muito frio e impessoal. Eu prefiro cores mais quentes, para tornar o ambiente acolhedor. Não achas, Maria?

Maria: Sim, como quiseres. Não imagino a minha casa mobilada com cores tão contrastantes. A única divisão que quero decorar a preto e branco é a cozinha porque é toda branca e tem o balcão em mármore preto.

Jaime: Numa cozinha branca fica bem qualquer cor. Não é difícil conseguir um efeito interessante.

Álvaro: Seja como for, a cozinha não é o que nos preocupa mais. Que tipo de mesa e de armário imaginas para este lado da sala comum, Jaime?

Jaime: Creio que uma mesa grande com seis cadeiras em estilo rústico não ficava mal. Podias comprar um daqueles armários típicos das aldeias, que são tão bonitos!

Maria: Lá estás tu! Digas o que disseres és sempre muito tradicional!

Álvaro: Bom, já vejo que não nos entendemos! Ponha o que puser, decore como decorar, a casa há-de ficar agradável para vos convidar para jantar. O que é que pensam da ideia?

Jaime e Inês: Não podia ser melhor!

Vocabulário

Interpretação

divisão = compartimento
mobilar = pôr móveis
mobiliário = conjunto de móveis
armário = móvel onde se guardam louças e outros objectos

Compreensão

I — *Responda às seguintes perguntas:*

1. Um casal de jovens, resolveu comprar um apartamento. Porque é que o compraram?

_____

2. Por que motivo convidaram um casal amigo para ver a casa?

_____

3. Qual foi a opinião dos amigos em relação ao apartamento?

_____

4. Qual foi o conselho de decoração que o Jaime deu ao Álvaro à Inês?

_____

5. Transcreva a frase do texto que diz que os quatro amigos não chegaram a nenhuma conclusão.

_____

II — *Escolha as palavras ou expressões que melhor se aproximam às seguintes frases do texto:*

1. "...resolveu comprar um apartamento."

   a) decidiu   b) quis   c) procurou

2. "Depois de <u>examinarem</u> tudo..."

a) observarem	b) analisarem	c) olharem

3. "O vosso apartamento é <u>fenomenal</u> !"

a) bom	b) fantástico	c) enorme

4. "...a cozinha é um <u>encanto</u> !"

a) cheia de cantos	b) lindíssima	c) recanto

5. "Eu gosto <u>imenso</u> de mobiliário..."

a) intenso	b) muitíssimo	c) enormíssimo

6. "...ia <u>mesmo a calhar</u> !"

a) onde calhar	b) ficar muito bem	c) em qualquer sítio

7. "...com cores tão <u>contrastantes</u>."

a) diferentes	b) horríveis	c) leves

8. "...és sempre muito <u>tradicional</u> !"

a) conservador	b) típico	c) antigo

III — *Preencha os espaços em branco ouvindo o texto:*

"Um casal de _____, o Álvaro e a Maria, resolveu comprar um apartamento. Quando _____ querem ir viver _____ lá, _____ não sabem _____ bem como o vão _____. Convidaram um casal amigo para visitarem a casa e, _____, darem a sua opinião.

Jaime: — Bom dia! _____ muito tempo por nós? Espero que não estejamos muito atrasados!"

Vocabulário

Prática

I — *Preencha o quadro como no exemplo:*

Verbos	Substantivos	Particípios passados
mobilar	a mobília	mobilado
decorar	_____	_____
comprar	_____	_____
encantar	_____	_____
apreciar	_____	_____
admirar	_____	_____

II — *Qual é o advérbio de:*

Ex.: antecipado - antecipadamente

imediato: _____

claro: _____

só: _____

final: _____

concreto: _____

justo: _____

Gramática

Prática

I — *Preencha os espaços em branco utilizando os verbos entre parêntesis:*

1. _____ (dizer) o que _____ (dizer) eu não acredito em ti.

2. _____ (fazer) o que _____ (fazer) nós estamos de acordo.

II — *Preencha os espaços em branco com as preposições adequadas:*

1. A reunião vai ser ___ dia 20 ____ Janeiro ___ 10 horas ____ manhã.

2. Amanhã _____ tarde, vai haver uma festa _____ aniversário _____ volta _____ 11 horas _____ noite.

UNIDADE 15

O PIQUENIQUE

Era Verão e estava muito calor para ir à praia. Não sabíamos o que fazer, até que o Carlos teve a óptima ideia de organizarmos um piquenique.

Joana: Está tanto calor que não me apetece nem mexer uma palha!

Anita: Eu não sei o que hei-de fazer. Quando decidirem alguma coisa avisem-me. Vou aonde vocês forem.

Elisa: Não sei o que dizer. O tempo está tão abafado que nem tenho vontade de me levantar. E tu, Pedro, não tens ideias?

Pedro: Talvez vá ao cinema. E tu, Carlos?

Carlos: Que ideia! Cinema?! Com este calor não quero ficar fechado entre quatro paredes! Vou fazer um piquenique. Amanhã bem cedinho, porque está mais fresco, saio de casa e vou passear até junto do rio que fica entre o arvoredo. Levo qualquer coisa para comer e pronto. Quem estiver interessado que venha comigo!

Joana: Brilhante ideia! Aonde quer que tu vás divertes-te sempre. Se não fosses tu não sei o que faria!

Elisa: Eu ainda não sei se posso ir, mas se puder vou fazer umas sandes de presunto para todos.

Anita: Se vocês gostarem, posso fazer um grande bolo e arroz de frango.

Pedro: Tudo bem! Eu e o Carlos compramos as bebidas.

Carlos: Eu levo o meu carro, uma mesa e algumas cadeiras para nos sentarmos.

Joana: E eu arranjo um grande cesto para pormos a comida dentro. Vai ser um almoço farto!

Carlos: É melhor levarem os fatos de banho no caso de quererem nadar antes do almoço. O rio é calmo e não há perigo de sermos levados pela corrente.

Pedro: Estou a pensar em levar a minha cana de pesca. Quem sabe se não consigo apanhar alguns peixes! Poderíamos fazer uma fogueira, assá-los e comê-los.

Joana: Creio que nos vamos fartar de comida e depois não nos vai apetecer fazer mais nada!

Vocabulário

Interpretação

não mexer uma palha = não fazer nem o mínimo movimento
abafado = muito quente
cesto = recipiente que serve para guardar ou transportar coisas
cana de pesca = instrumento que serve para pescar
fogueira = fogo feito, ao ar livre, com pedaços de madeira

Compreensão

I — *Responda às seguintes questões:*

1. Como estava o tempo nesse dia?

_____

2. Quem deu a ideia de irem ao cinema? Todos concordaram com a ideia?

_____

3. Porque é que o Carlos não quis ir ao cinema?

_____

4. Todos concordaram com a ideia do Carlos ? Justifique com frase(s) do texto.

_____

5. O que é que eles vão levar para o piquenique?

_____

II — *Escolha as palavras ou expressões que melhor se aproximam às seguintes frases do texto:*

1. "...deu a brilhante ideia..."

   a) luz   b) claridade   c) espectacular

2. "...não me apetece nem mexer uma palha !"

   a) tenho vontade nem de   b) quero   c) preciso

3. "...ficar fechado entre quatro paredes !"

   a) dentro de quatro paredes   b) dentro de uma sala
   c) entre quatro muros

4. "Amanhã saio de casa <u>bem cedinho</u>... "

a) quase de madrugada   b) cedo   c) não muito tarde

5. "...para <u>pormos</u> a comida toda dentro."

a) virarmos   b) entornarmos   c) colocarmos

6. "Vai ser um almoço <u>farto</u> !"

a) aborrecido   b) entupido   c) com abundância

7. "...sermos <u>levados</u> pela corrente."

a) arrastados   b) conduzidos   c) molhados

8. "Creio que nos vamos <u>fartar</u> de comida..."

a) completar   b) rechear   c) encher

III — *Preencha os espaços em branco ouvindo o texto:*

"Era Verão e estava muito _____ para ir à praia. Não sabíamos o que fazer, até que o Carlos teve a _____ ideia de organizarmos um piquenique.

Joana: — Está _____ calor que não me _____ nem mexer uma _____!

Anita: — Eu não sei o que _____ fazer. Quando decidirem alguma coisa _____- me. Vou aonde vocês forem."

Vocabulário

Prática

I — *Qual é o oposto de:*

Ex.: subir — descer

acordar: _____
acender: _____
despir-se: _____
encontrar: _____
despejar: _____
prender: _____

II — *Qual é o plural de:*

Ex.: a casa — as casas

a vez: _____
o portão: _____
o guarda-chuva: _____
o lençol: _____
o caracol: _____
o real: _____

Gramática

Prática

I — *Ponha as frases no discurso indirecto:*

1. *"Anita:* — Eu não sei o que hei-de fazer. Quando decidirem fazer alguma coisa avisem-me. Vou aonde vocês forem."

_____

2. *"Joana:* — Brilhante ideia ! Aonde quer que tu vás, divertes-te sempre. Se não fosses tu não sei o que faria!"

_____

II — *Preencha os espaços em branco utilizando os verbos entre parêntesis:*

1. Se _____ (poder) vir comigo amanhã, _____ (ir) visitar o museu de que te _____ (falar) antes.

2. Talvez _____ (haver) tempo para _____ (nós/ comprar) tudo antes que as lojas _____ (encerrar).

UNIDADE 16

A FEIRA

Estávamos numa pequena cidade à beira-mar. Numa região que outrora se dedicara corajosamente à pesca, mas que já nessa altura – como agora –, vivia essencialmente do comércio e da indústria. No mesmo dia em que chegámos à cidade houvera uma feira de manhã. Decidimos visitá-la porque sempre achámos divertido visitar as feiras que se realizam pelo país fora. E esta era a maior feira que nós já visitáramos.

De madrugada, às 6 horas, já se podia ver o movimento de camiões e carrinhas que procuravam estacionar em redor de um grande largo, de terra batida, onde era costume realizar-se a feira, todas as terças-feiras de manhã. Mal acabavam de chegar, tratavam logo de descarregar a carga e armar as tendas de pano impermeável, não fosse chover e estragar a preciosa mercadoria. Afinal, estas coisas são o ganha pão desta gente ambulante que gosta de comunicar com o povo, de fazê-lo acreditar que os seus produtos são os melhores do mundo.

Era interessante ver como os feirantes preparavam as coisas, escolhiam os melhores lugares, montavam as suas tendas. Às 7:30 estava tudo pronto para começar a animação, todos se encontravam preparados para entrarem em acção. Ouvia-se por todo o lado : "Ó freguesa, escolha, está tudo pelo preço da chuva, é só escolher!", "Ó minha rica, é barato, é a preço de fábrica, compre minha linda!". O largo encheu--se de cores, de loiças típicas de cada região, de cestos, cestinhos, baús, chapéus e outros utensílios feitos de palha, de roupas para todas as idades, de legumes, de frutas, de objectos para a cozinha, de galinhas, de porcos, enfim, de quase tudo o que há no mundo. Podiam ouvir-se várias vozes à mistura a apregoar um algodão resistente, uma panela inoxidável, uma camisola de marca.

A feira é um mundo simples, colorido, divertido, cheio de novidades que podemos adquirir por um preço razoável. Embrenhámo-nos naquela multidão até a feira acabar.

Vocabulário

Interpretação

em redor = à volta
largo = praça
terra batida = plana
feirantes = vendedores de feira
impermeável = à prova de água
freguesa = cliente
apregoar = fazer anunciar
adquirir = comprar
embrenhámo-nos = misturámo-nos

Compreensão

I — *Responda às seguintes perguntas:*

1. Onde se encontravam as personagens do texto?

_____

2. Às 6 horas da manhã começavam os preparativos da feira. Quais eram?

_____

3. Que tipo de expressões utilizavam os feirantes para atrair os clientes?

_____

4. O que é que se pode comprar numa feira?

_____

5. Afinal, o que é uma feira?

_____

II — *Escolha as palavras ou expressões que melhor se aproximam às seguintes frases do texto:*

1. "Estávamos numa pequena cidade à beira-mar."

   a) na região da beira   b) onde se pode ver o mar   c) junto ao mar

2. "Numa região que outrora..."

   a) a outra hora   b) antigamente   c) mais tarde

3. "... as feiras que se realizavam pelo país fora..."

a) fora do país   b) em todo o país   c) numa zona do país

4. "No mesmo dia houvera..."

a) houve   b) havia   c) tinha havido

5. "...e estragar a preciosa mercadoria..."

a) a valiosa   b) a apreciada   c) a maravilhosa

6. " ... que é o ganha pão..."

a) o que lhes dá o pão   b) vence pão   c) o meio de subsistência

7. "... desta gente ambulante ..."

a) que anda de lugar em lugar   b) deambulante   c) que vagueia

8. "... está tudo pelo preço da chuva..."

a) por um preço variável   b) baratíssimo   c) por um preço abundante

III — *Preencha os espaços em branco ouvindo o texto:*

"Estávamos numa pequena cidade à _____. Numa região que outrora se dedicara _____ à pesca, mas que já nessa altura — como agora — vivia _____ do comércio e da indústria. No _____ dia em que chegámos à cidade _____ uma feira de manhã. _____ visitá-la   porque sempre achámos _____ visitar as feiras que se _____ pelo país fora."

Vocabulário

Prática

I — *Preencha os espaços em branco com o oposto da palavra sublinhada:*

Ex.: Para chegar ao 2ª andar, tive de subir as escadas.
     Para ir para o rés-do-chão, tive de descer as escadas.

1. De manhã, os feirantes descarregam a mercadoria dos camiões.
   Ao fim da tarde, os feirantes _____ a mercadoria nos camiões.

2. A feira é um mundo <u>simples</u>.
A feira não é um mundo_____.

3. O pano com que se fazem as tendas é <u>impermeável</u>.
O pano com que se fazem as tendas não deve ser _____.

II — *Preencha os espaços em branco com a profissão adequada:*

Ex. : O homem que faz o pão é o <u>padeiro.</u>

1. O homem que recolhe o lixo é o _____.
2. O homem que entrega o correio é o _____.
3. O homem que apaga incêndios é o _____.
4. O homem que regula o trânsito é o _____.
5. O homem que trabalha no banco é o _____.
6. O homem que prende o ladrão é o _____.

Gramática

Prática

I — *Ponha o verbo no pretérito mais-que-perfeito simples do indicativo:*

1. Eu já <u>tinha acordado</u> quando o despertador tocou.
2. Ontem, o meu irmão descreveu-me a cidade onde <u>tinha ido</u> passar férias.

II — *As preposições destas frases estão erradas. Diga quais as preposições correctas:*

Ex.: O Manuel foi <u>em</u> Lisboa visitar os amigos.
Frase correcta: O Manuel foi <u>a</u> Lisboa visitar os amigos.

1. O Pedro tinha medo de subir ao 5º andar <u>com o</u> elevador.
2. Fui para a praia <u>de</u> autocarro nº 55.

UNIDADE 17

À PROCURA DE APARTAMENTO

O João acabou os estudos universitários há dois anos e, um ano depois, começou a trabalhar como gerente numa empresa. Como agora ganha um bom salário, resolveu procurar casa para morar. Ainda não sabe se há-de comprar ou alugar. Para comprar, precisa de pedir um empréstimo ao Banco, porque os apartamentos estão muito caros e, ao mesmo tempo, precisa de uma grande quantia de dinheiro para poder dar o sinal ao construtor. Para alugar, tem de procurar nos jornais os anúncios de aluguer e escolher aquele que for o melhor e cuja renda for mais acessível.
Como continua bastante indeciso, resolveu pedir ajuda a um amigo seu que é bancário.

João: Não sei o que hei-de fazer. Já fui ver algumas casas, continuo à procura de mais anúncios no jornal e não encontro nada que me satisfaça. Se têm uma renda barata, são velhas e precisam de ser todas remodeladas. Acho que o dinheiro que eu poupei, para dar de sinal na compra de um apartamento novo, não dava para cobrir o orçamento das obras que teria de fazer nessas casas!

Paulo: Então, porque é que não compras uma nova?

João: Já pensei nisso. E o Banco emprestar-me-ia dinheiro, com os meus rendimentos? As casas estão tão caras!

Paulo: Bom, a despesa mensal que terias, se alugasses uma casa nova, seria mais ou menos a mesma que terás se comprares uma, pedindo um empréstimo bancário. E, se comprares agora, daqui a uns anos poderás vendê-la mais cara. O dinheiro, que agora investires num apartamento com duas ou três assoalhadas, será recuperado com lucro, o que acabará por te possibilitar a aquisição de uma casa maior. O que é que achas?

João: É uma ideia!

Paulo: Claro que o Banco te exigirá que faças um seguro que pague a indemnização pelos estragos que possam vir a acontecer no apartamento. É mais uma despesa mas não é excessiva! Passa por lá amanhã e eu verei o que é possível fazer.

João: Obrigado Paulo, vou ver alguns apartamentos novos nos arredores e amanhã passarei pelo Banco para acertarmos os detalhes do pedido de empréstimo.

Vocabulário

Interpretação

salário = ordenado, vencimento
alugar = usar um bem móvel, pagando uma retribuição
arrendar = usar um bem imóvel, pagando uma retribuição
empréstimo = contrato em que se cede uma quantia de dinheiro, que deverá
    ser restituída ao fim de um certo tempo
quantia = quantidade
sinal = dinheiro que se dá para garantir um negócio
remodelar = modificar
renda = pagamento, geralmente mensal, por um arrendamento
orçamento = cálculo de despesas
accoalhadas – compartimentos que poderão ser usados como quartos ou salas
indemnização = pagamento dos prejuízos

Compreensão

I — *Responda às seguintes perguntas:*

1. Qual é a intenção do João?

2. Ele ainda não decidiu se quer comprar ou alugar. Porquê?

3. Depois, o que é que ele decide fazer?

4. Que conselho lhe deu o amigo?

5. Qual foi a decisão final do João?

II — *Escolha as palavras ou expressões que melhor se aproximam às seguintes frases do texto:*

1. "Para comprar, precisa de pedir um empréstimo ..."

   a) é aconselhável   b) necessita   c) é obrigado a

2. "... precisa de uma grande quantia de dinheiro..."

   a) importância em   b) parte de   c) conta de

3. "... cuja renda for acessível..."

a) precisa   b) transmissível   c) aceitável

4. "Como o João está bastante indeciso ..."

a) inseguro   b) incerto   c) hesitante

5. "... não encontro nada que me satisfaça ."

a) agrade   b) desperte   c) compreenda

6. "Acho que o dinheiro que eu poupei ..."

a) encontrei   b) conservei   c) economizei

7. " ... não dava para cobrir o orçamento..."

a) acertava   b) oferecia   c) chegava

8. "... amanhã passarei pelo Banco para acertarmos os detalhes ..."

a) pormenores   b) retalhos   c) contas

III — *Preencha os espaços em branco ouvindo o texto:*

"O João acabou os _____ universitários há dois anos e, um _____ depois, começou a trabalhar como _____ numa empresa. Como agora ganha um bom _____, resolveu procurar casa para _____. Ainda não sabe se _____ comprar ou alugar. Para comprar, precisa de pedir um empréstimo ao Banco, _____ os apartamentos estão muito caros ...".

Vocabulário

Prática

I — *Escolha as palavras adequadas para completar as seguintes frases:*

Ex: Estou sem dinheiro, posso __c)__ um cheque?

a) escrever   b) levantar   c) passar

77

1. Vou ao Banco _____ dinheiro para poder fazer compras.

a) buscar   b) levantar   c) pedir

2. É necessário _____ dinheiro para ir para outro país.

a) cambiar   b) mudar   c) vender

3. Agora que comecei a trabalhar, vou _____ conta no Banco para depositar o meu ordenado.

a) abrir   b) montar   c) instalar

II — **Qual é o verbo de:**

Ex: o aluguer - alugar

o empréstimo   a renda   a decisão

a venda   a remodelação   a indemnização

Gramática

Prática

I — *Substitua as palavras sublinhadas por um pronome pessoal fazendo as alterações que forem necessárias:*

Ex: Eu comprei um gelado.
    Eu comprei-o.

1. Compra um apartamento e, mais tarde, venderás o apartamento por um bom preço.

2. Se pudesses comprarias uma vivenda no campo.

II — *Complete as frases com* desde *e* há :

1. _____ os 20 anos, conduzo este carro todos os dias.

2. _____ 10 anos comprei este carro.

UNIDADE 18

O ENCONTRO DE AMIGAS

Andava eu a passear pelo centro de Lisboa quando, de repente, vi do outro lado da rua a minha antiga companheira de quarto, do tempo em que andava no colégio interno. Nessa época, tínhamos 10 anos e éramos grandes amigas. Atravessei a rua apressadamente, chamei por ela e, quando ela se voltou, ficou muito supreendida por me ver. Conversámos durante algum tempo e combinámos encontrar-nos no sábado seguinte, à tarde, para relembrar velhos tempos.

No sábado:

Margarida: Olá Ana, boa tarde! Tudo bem?

Ana: Sim, obrigada. Este é o meu marido, o Mário, lembras-te dele? Também foi nosso colega.

Margarida: Ah! Claro que sim! Está um pouco diferente, mas reconhe-ço-o perfeitamente. O que acho incrível é que vocês não se davam nada bem. Passavas a vida a discutir com ele e, afinal, essa discórdia toda deu em casamento. Parabéns! Formam um lindo par!

Mário: Obrigado. Olha, vou contar-te como foi que nos reencontrá-mos. Foi há cinco anos atrás. Eu tinha ido passar férias aos Açores com uns amigos. Estava todo "charmoso", todo bron-zeado quando, um dia, num bar famoso, o "Peter's" — na cidade da Horta, na ilha do Faial —, demos com um grupo de raparigas que estava muito entretido a ver fotografias. Resolvemos meter conversa com elas. Começámos por nos apresentar e descobrimos que éramos todos de Lisboa. E eu fiquei muito tempo a conversar com a Ana sem darmos por nada. A meio da conversa, enquanto falávamos de estudos, descobri que a Ana era aquela menina irrequieta que não gostava de mim quando éramos crianças. Come-çámo-nos a rir e, a partir desse momento, só recordámos os tempos idos da nossa infância.

Ana: O bar era bastante agradável, dava para o porto de mar onde estavam atracados vários barcos de recreio. Con-versámos durante tanto tempo que nem demos pelas horas passarem. A partir daí encontrámo-nos muitas vezes em Lisboa até que começámos a namorar.

Margarida: Isto é fantástico! Quando te encontrei na rua, nunca poderia imaginar que tinhas casado com o Mário. O mundo dá muitas voltas!

Vocabulário

Interpretação

companheira = amiga, colega
grandes amigas = muito amigas
apressadamente = com pressa
surpreendida = admirada
relembrar = recordar
discórdia = desarmonia, luta
bronzeado = queimado pelo sol
atracados = palavra específica para barcos, significando que estão parados no cais.
barcos de recreio = barcos particulares. Ex: iate.

Compreensão

I — *Responda às seguintes perguntas:*

1. Há quanto tempo se conhecem a Ana e a Margarida?

2. O que é que elas combinaram fazer?

3. Porque é que a Margarida ficou admirada com o marido da Ana?

4. Como é que a Ana e o Mário se reencontraram?

5. Que expressão utilizou a Margarida para mostrar a sua admiração?

II — *Escolha as palavras ou expressões que melhor se aproximam às seguintes frases do texto:*

1. "O que acho incrível é que ..."

   a) impossível   b) inadmissível   c) inacreditável

2. "... vocês não se davam nada bem..."

   a) não se falavam   b) não se gostavam   c) não se suportavam

3. "Passavas a vida a discutir com ele ..."

a) Estavas sempre a   b) Atravessavas a vida a   c) Andavas a

4. "... essa discórdia toda deu em casamento."

a) ofereceu em   b) começou em   c) acabou em

5. "... na ilha do Faial demos com um grupo de raparigas..."

a) chocámos com   b) encontrámos   c) avistámos

6. "O bar era bastante agradável, dava para o mar..."

a) estava junto ao   b) situava-se no   c) ficava em frente ao

7. "Conversámos durante tanto tempo que nem demos pelas horas passarem."

a) nos apercebemos   b) nos importámos com   c) quisemos ver

8. " Quando te encontrei na rua ..."

a) dei por ti   b) te vi   c) te reconheci

III — *Preencha os espaços em branco ouvindo o texto:*

"Andava eu a passear pelo _____ de Lisboa quando, de _____, vi do outro lado da rua a _____ antiga companheira de _____, do tempo em que andava no colégio _____. Tínhamos 10 anos e _____ grandes amigas. Atravessei a rua _____, chamei por ela e, quando ela se voltou, ficou muito surpreendida por me ver."

Vocabulário

Prática

I — *Qual é o oposto de:*

Ex.: antiga - recente

apressadamente	diferente	vida
conhecer	rir	agradável

81

II — *Como se chama o estabelecimento que vende:*

Ex.: pão - padaria

bolos	peixe	carne
farinha	livros	sapatos

Gramática

Prática

I — *Substitua os verbos sublinhados pelo verbo* dar *mais* **preposições:**

1. Estávamos tão divertidos a conversar que nem nos apercebemos do barulho que entrava pela janela da sala.

2. O café fica em frente ao supermercado.

II — *Preencha os espaços em branco utilizando os verbos entre parêntesis:*

1. Dantes, _____ (ser) comum as pessoas _____ (ir) a pé para o trabalho.

2. A Catarina _____-me (emprestar) o livro que lhe _____ (ser) oferecido pela mãe quando ela _____ (fazer) 20 anos.

UNIDADE 19

PARIS, A CIDADE ROMÂNTICA

A Nucha e o Quim não puderam ir a Paris com os seus colegas porque tinham dois exames para fazer em Julho e precisavam de estudar. Lamentavam a sua pouca sorte, pois não sabiam se teriam uma oportunidade igual a esta para lá irem visitar todos os lugares que apenas conhecem de leituras e imagens de revistas e televisão.
Um dia, estavam a estudar em casa do Quim, quando receberam um postal dos amigos a dizer que chegavam no sábado seguinte. Ficaram todos contentes com a notícia.

Nucha: Que maravilha! Estou morta por saber novidades! Espero que tenham visitado vários lugares interessantes e que nos possam contar tudo tim-tim por tim-tim.

Quim: Será que eles ainda consideram Paris como a cidade romântica? Todas as pessoas dizem isso, com aqueles cafés típicos, aquelas luzes acesas à noite... Espero que tenham filmado muitas coisas para, no domingo, nos mostrarem.

Nucha: Aqui no postal, eles escreveram que têm muitas novidades para nós. Contam que foram ao Louvre, mas que não tiveram tempo de ver tudo, porque é enorme e precisavam de mais dias.

Quim: Terão ido ao Eurodisney? É relativamente perto de Paris, não faz parte da viagem de estudo, mas quem sabe se não foram ver o Mickey?

Nucha: Talvez não tenham ido. Não faz parte do programa. Mas com certeza que a viagem foi divertidíssima! Estou ansiosa por saber tudo.

Quim: Eu gostaria de saber qual é a sensação de subir à torre Eiffel. Deve ser maravilhoso ver a cidade toda iluminada à noite. Devemos sentir-nos realmente românticos com todo aquele esplendor!

Nucha: Para mim, imagino que o mais interessante é fazer uma viagem de barco pelo rio Sena ou jantar num daqueles restaurantes na margem. Na minha opinião, isso é bem romântico.

Quim: Tomara que eles tenham visto Montmartre. Dizem que lá há muitos pintores que pintam quadros espectaculares.

Nucha: E oxalá tenham visto, também, a torre de Montparnasse porque é famosa pela panorâmica que dá da cidade.

Quim: Bom, vamos parar de sonhar com a viagem deles e vamos mas é continuar com as nossas obrigações.

Vocabulário

Interpretação

consideram = acham
novidades = coisas novas
relativamente = em relação a
iluminada = cheia de luz

Compreensão

I — *Responda às seguintes perguntas:*

1. Porque é que a Nucha e o Quim não foram com os amigos a Paris?

2. O que é que os fez interromper os estudos?

3. Por que motivo estavam eles ansiosos?

4. Os amigos tiveram tempo para visitar todo o Museu do Louvre? Justifique.

5. Eles não sabem se os amigos foram ver o Eurodisney. Porquê?

II — *Escolha as palavras ou expressões que melhor se aproximam às seguintes frases do texto:*

1. "Estou morta por saber novidades"

   a) Estou mal por   b) Estou cansada por   c) Estou ansiosa por

2. "... para que nos possam contar tudo tim-tim por tim-tim."

   a) com recortes   b) pormenorizadamente   c) retalhadamente

3. "Espero que tenham filmado..."

   a) Quero que   b) É bom que   c) Tomara que

4. "... não faz parte da viagem de estudo..."

   a) não está no programa   b) não é um capítulo   c) não faz caso

84

5. "Estou ansiosa por saber tudo."

a) Estou desejosa por b) Estou interessada por c) Estou cheia por

6. "... realmente românticos com todo aquele esplendor!"

a) expansão   b) brilho   c) maravilhoso

7. "Isso é bem romântico."

a) bastante   b) elegante   c) correctamente

8. "... vamos mas é continuar com as nossas obrigações."

a) as nossas funções b) as nossas utilidades c) os nossos deveres

III — *Preencha os espaços em branco ouvindo o texto:*

"A Nucha e o Quim não _____ ir a Paris com os seus colegas _____ tinham dois exames para fazer em _____ e precisavam de estudar. _____ a sua pouca sorte, não sabiam se _____ uma oportunidade igual a esta para _____ irem visitar todos os lugares que apenas conhecem de leituras e _____ de revistas e de televisão. "

Vocabulário

Prática

I — *Preencha o quadro:*

Substantivos	Verbos	Adjectivos
a ânsia	*ansiar*	*ansioso*
_____	lamentar	_____
_____	saber	_____
_____	interessar	_____
o sonho	_____	_____
_____	_____	contente

II — *Qual é o oposto de:*

Ex.: contente - triste

iluminada	oportuno	interromper
interessante	ir	contente

Gramática

Prática

I — *Complete as frases com o verbo no pretérito perfeito do conjuntivo:*

1. Duvido que eles _____ (ver) tudo o que queriam, em Paris.

2. Quando tiverem apagado a luz para começar o espectáculo, espero que tu já _____ (ler) o programa todo.

II — *Preencha os espaços em branco utilizando os verbos entre parêntesis:*

1. A cidade de Paris _____ (considerar) a cidade da luz por toda a gente que a _____ (visitar).

2. Ultimamente, _____ (ter) muito que estudar e, por isso, não _____ (poder) sair com os nossos amigos.

UNIDADE 20

A MINHA ALDEIA

Eram seis horas da tarde. O dia estava cinzento e húmido. Umas nuvens negras pairavam no ar, anunciando chover a qualquer momento. A estrada estava deserta, como se, de repente, toda a população das aldeias tivesse sido evacuada por causa de uma gigantesca tempestade que se teria espalhado por toda a região, causando graves estragos nas suas casas.

Durante toda a viagem, que já se prolongava há duas horas, só se ouvia o barulho do vento, dos trovões e só se via o clarão dos relâmpagos, ao longe, sobre as montanhas. Senti-me como se estivesse lá em cima, pousada numa nuvem e fosse embalada por uma grande orquestra. Imaginei-me estrela, a dormir tranquilamente no meu lar, à espera da hora de brilhar no céu.

De repente, o ribombar de um trovão estourou no ar, um raio atravessou o meu sonho e fez-me cair na realidade.

Eram oito e meia da noite e já se avistava a velha aldeia dos meus avós. Entretanto, tinha começado a chover sem que eu desse por isso. Cheguei. Parei o carro em frente da casa onde passei a minha infância. A casa tinha sido recentemente restaurada, tinham pintado as portadas das janelas de branco, para contrastar com as robustas paredes de granito. Abri o pesado portão de ferro, caminhei pelo jardim sentindo o cheiro a terra molhada e bati à porta. Podia ouvir-se o barulho do crepitar da lenha na cozinha. Lembrava-me os serões típicos da aldeia, com toda a família reunida, junto à lareira, a conversar animadamente durante horas a fio.

Finalmente abriram a porta, a minha avó recebeu-me com um grande sorriso e abraçou-me com saudades.

Foi bom sentir-me criança outra vez.

Vocabulário

Interpretação

anunciar = prevenir da chegada de

estourar = rebentar

gigantesca = enorme

restaurada = reparada

os estragos = danos

as portadas = portas de madeira das janelas

o trovão = ruído da descarga eléctrica na atmosfera

o relâmpago = clarão ou luz da descarga eléctrica das nuvens

ribombar = trovejar

embalada – baloiçada

robustas = fortes

crepitar = estalar

granito = tipo de rocha

a lenha = pedaços de madeira para queimar

o serão = reunião familiar nocturna

Compreensão

I — *Responda às seguintes perguntas:*

1. Como estava o tempo naquele dia?

_____

2. Onde se encontrava a personagem do texto?

_____

3. Como se sentiu ela quando ouviu o trovão?

_____

4. Para onde se dirigia?

_____

5. "Foi bom sentir-me criança outra vez.". O que é que lhe fez recordar a infância?

_____

II — *Escolha as palavras ou expressões que melhor se aproximam às seguintes frases do texto:*

1. "O dia estava cinzento."

a) escuro   b) coberto de nuvens   c) luminoso

2. "Umas nuvens negras pairavam no ar."

a) cobriam o céu   b) flutuavam no ar   c) apareciam no ar

3. "Como se toda a população das aldeias tivesse sido evacuada."

a) afastada   b) concentrada   c) assustada

4. "... e fez-me cair na realidade"

a) acordar do sonho   b) conhecer a verdade   c) fugir da realidade

5. "Eram oito e meia da noite e já se avistava ao longe..."

a) encontrava   b) descobria   c) via

6. " Tinha começado a chover sem que eu desse por isso."

a) sem que ouvisse   b) sem que eu notasse   c) sem que eu conhecesse

7. "... a conversar animadamente durante horas a fio."

a) poucas horas   b) bastante tempo   c) breves momentos

8. "...foi bom sentir-me criança outra vez."

a) novamente   b) sempre   c) às vezes

III — *Preencha os espaços em branco ouvindo o texto:*

"Durante toda a viagem, que já se prolongava _____ quatro horas, só se ouvia o _____ do vento, dos trovões e só se via o clarão dos relâmpagos ao longe, _____ as montanhas. Senti-me como se _____ lá em cima pousada numa _____ e fosse embalada por uma grande_____. Imaginei-me estrela a dormir _____ no meu lar, à espera da hora de brilhar no céu."

Vocabulário

Prática

I — *Indique sinónimos para as seguintes palavras do texto:*

Ex.: estragos - danos

gigantesca	barulho	tranquilamente
lar	estoura	brilhar

II — *Qual é o substantivo de:*

Ex.: prolongava - o prolongamento

húmido	caminhar	conversar
imaginar	ouvir	lembrar

Gramática

Prática

I — *Preencha os espaços em branco com as preposições adequadas:*

Sempre que ia _____ o meu emprego, parava sempre _____ café Avelar que fica _____ lado _____ supermercado. _____ fim da tarde _____ sexta-feira, era aí que eu fazia as minhas compras, _____ que não faltasse nada _____ casa _____ fim-de-semana.

II — *Complete as frases condicionais pondo os verbos nos tempos correctos:*

1. Se eu _____ (fazer) o trabalho todo agora, talvez ainda _____ (ter) tempo para estudar à tarde.

2. Se vocês _____ (Ir) ontem connosco, não _____ (perder) um bom espectáculo musical.

UNIDADE 21

VISITAS CULTURAIS

Teresa: Bom dia, Rita! Então, porque é que não apareceste ontem em casa do André? Estivemos todos lá reunidos para combinarmos fazer uma visita cultural de tarde. Como já estávamos fartos de fazer sempre as mesmas coisas, resolvemos visitar alguns pontos culturalmente interessantes da cidade. Elaborámos um programa para toda esta semana.

Rita: Isso é esplêndido! Também quero participar, adoraria conhecer tudo o que é interessante no Porto! Aonde é que vocês pretendem ir hoje?

Teresa: Hoje, vamos à igreja de Santa Clara e à Sé Catedral. O André vai compilar algum material sobre estes dois lugares, para que nós compreendamos tudo o que virmos e conheçamos o passado histórico desses lugares. Vai entregar a cada um de nós uma espécie de programa. Temos de ler tudo antes de ir, para depois, pelo caminho, trocarmos impressões. Não é uma boa ideia?

Rita: Maravilhosa! Vocês já começaram ontem o programa, não foi?

Teresa: Sim, é verdade!

Rita: Espero que ainda não tenham ido à Casa de Serralves. Gostaria imenso de lá ir convosco.

Teresa: Que azar! Foi precisamente lá que nós fomos ontem!

Rita: Que pena! Se eu tivesse sabido dos vossos planos, há dois dias atrás, teria desmarcado com a Paula a ida à praia e teria ido convosco.

Teresa: A culpa também foi nossa. Se te tivéssemos dito o que íamos fazer, tu terias podido optar por ir connosco em vez de ires apanhar sol. Mas não faz mal, havemos de lá voltar. Afinal, a Casa de Serralves está aberta durante a semana e tem sempre alguma exposição de arte moderna.

Rita: Como é a Casa de Serralves ? Já ouvi dizer que à volta do edifício há um grande jardim muito bonito.

Teresa: Sim, há. E agora abriram uma casa de chá, onde podemos beber chá tranquilamente e, ao mesmo tempo, aproveitar a calma que a natureza nos oferece. E, como sabes, a Casa de Serralves é considerada Museu de Arte Moderna e tem muitas salas onde podemos apreciar esculturas e pinturas de autores contemporâneos.

Rita: Quando puder hei-de lá ir!

Vocabulário

Interpretação

combinarmos = marcarmos
elaborámos = organizámos
compilar = reunir
exposição = mostra, exibição
oferece = proporciona

Compreensão

I — *Responda às seguintes perguntas:*

1. Porque é que a Rita não apareceu em casa do André no dia anterior?

_____

2. Qual foi a novidade que a Teresa deu à Rita?

_____

3. Em que consiste o programa que vão fazer nesse dia?

_____

4. De que é que a Rita teve pena?

_____

5. O que é a Casa de Serralves?

_____

II — *Escolha as palavras ou expressões que melhor se aproximam às seguintes frases do texto:*

1. "Já estávamos fartos de fazer sempre as mesmas coisas..."

   a) cansados   b) repletos   c) abundantes

2. "Isso é esplêndido!"

   a) espelhado   b) maravilhoso   c) especial

3. "Onde é que vocês pretendem ir hoje?"

   a) tencionam   b) preferem   c) imaginam

4. "Vai entregar a cada um de nós uma espécie de programa."

a) raça   b) género   c) modo

5. "... para, depois, pelo caminho, trocarmos impressões..."

a) trocarmos folhas   b) mudarmos imagens   c) trocarmos ideias

6. "... tu terias podido optar por ir connosco..."

a) opinar   b) contar   c) escolher

7. " Já ouvi dizer que à volta da casa..."

a) à vez   b) ao redor   c) no regresso

8. "... onde podemos beber chá tranquilamente..."

a) silenciosamente   b) pacificamente   c) calmamente

III — *Preencha os espaços em branco ouvindo o texto:*

"Teresa: - Bom dia, Rita! _____, porque é que não apareceste ontem _____ casa do André? Estivemos todos lá _____ para combinarmos fazer uma visita _____ de tarde. Como já estávamos _____ de fazer as mesmas coisas, resolvemos visitar _____ pontos culturalmente interessantes na cidade. _____ um programa para toda esta semana."

Vocabulário

Prática

I — *Preencha o quadro:*

Substantivos	Verbos	Particípios Passados
a visita	visitar	*visitante*
_____	aparecer	_____
_____	combinar	_____
_____	resolver	_____
_____	trocar	_____
_____	optar	_____

II — *Qual é o oposto de:*

Ex.: aparecer - desaparecer

trocar	adorar	algum
entregar	marcar	moderna

Gramática

Prática

I — *Modifique as frases começando por:*

1. Não fui à Casa de Serralves convosco porque preferi ir à praia nesse dia.
   Se _____.

2. O Luís sentiu-se mal quando foi nadar depois de ter comido bem.
   Se _____.

II — *Substitua as palavras sublinhadas pela construção* haver de *mais* infinitivo:

1. Nós tencionamos voltar brevemente à Casa de Serralves.

2. Um dia, ainda vou conhecer os monumentos todos da cidade do Porto.

UNIDADE 22

O AZAR DO LADRÃO

Na sexta-feira passada, dia 20 de Maio de 1993, pelas 18 horas da tarde, um indivíduo armado tentou roubar um casal de turistas que pretendia encontrar a rua onde morava um amigo.

O assaltante ter-se-á aproximado, sorrateiramente, dos dois turistas que estavam de costas para ele e terá encostado uma arma nas costas de um deles. Assustada com a situação, a senhora ficou paralisada de terror enquanto o seu marido tentou lutar com o ladrão que terá deixado cair a arma no chão.

De acordo com o comentário de uma testemunha ocular, a senhora teria entrado em pânico e gritado por socorro. Um polícia de Segurança Pública, que estava perto da zona, teria vindo socorrer o casal e prendido o ladrão.

Segundo as declarações que as vítimas fizeram na esquadra, o assaltante tê-los-ia ameaçado com uma pistola e teria proferido umas palavras em tom desagradável que os levara a crer que lhes pedia todo o dinheiro que possuíam.

Como o ladrão não tinha nenhuma arma na mão quando o polícia chegou, tentou livrar-se de culpas dizendo que quem estava armado era o turista.

Tendo em conta as declarações da testemunha, a polícia prendeu o ladrão até ao julgamento. Mas o caso não terminou aí. Como consequência do confronto violento com o assaltante, o turista foi levado para o hospital, onde recebeu tratamento a ferimentos ligeiros.

Mais tarde, veio a saber-se, por pessoas que conhecem o assaltante, que este já tinha sido preso algumas vezes em diversas localidades do país, pelo mesmo motivo. Teria tentado assaltar várias pessoas à mão armada, mas sempre sem sucesso. Era conhecido como o *azarado*, no bairro onde morava com a família. Tratava-se de um indivíduo pobre e desempregado que precisava de arranjar dinheiro. Diziam os vizinhos que o infeliz homem tinha decidido levar uma vida de crime mas, como não queria matar ninguém, nunca carregava a sua arma, o que explicava o susto que tinha apanhado quando o turista resolveu atacá-lo, para defender a sua esposa.

Era um fracasso de ladrão, que nem fisicamente conseguia impressionar: era um homem de aspecto sujo e olhar assustado, deveria rondar os 40 anos de idade, tinha a voz áspera e falava arrastadamente.

Vocabulário

Interpretação

armado = com armas
paralisada = estática
socorrer = ajuda
desagradável = que não agrada
julgamento = apreciação judicial
áspera = rouca

assustada = com medo
comentário = observação
esquadra = posto policial
declaração = depoimento, testemunho
azarento = com azar
arrastadamente = lentamente

Compreensão

I — *Responda às seguintes perguntas:*

1. O que aconteceu no dia 20 de Maio de 1993?

2. Qual foi a reacção do marido da senhora?

3. O que é que as vítimas declararam na Polícia?

4. O que é que a testemunha disse?

5. Afinal, quem era o ladrão?

II — *Escolha as palavras ou expressões que melhor se aproximam às seguintes frases do texto:*

1. "... ter-se-á aproximado sorrateiramente ..."

   a) a sussurrar   b) despercebidamente   c) decididamente

2. " ... o seu marido tentou lutar ..."

   a) arriscar   b) provar   c) experimentar

3. " ... o comentário de uma <u>testemunha ocular</u> ..."

a) pessoa que assistiu   b) indivíduo com óculos

c) testemunha participante

4. " ... e teria <u>proferido</u> umas palavras ..."

a) profetizado   b) dito   c) contado

5. " ... que os levasse a <u>crer</u> ..."

a) ter fé   b) querer   c) acreditar

6. " ... tentou <u>livrar-se de culpas</u> ..."

a) desprender-se de responsabilidades   b) inocentar-se

c) livrar-se de contas

7. " <u>Tendo em conta</u> as declarações da testemunha ..."

a) contando   b) apresentando   c) considerando

8. " ... deveria <u>rondar</u> os 40 anos ..."

a) ter 40 anos exactos   b) ter à volta de   c) ter mais de

III — *Preencha os espaços em branco ouvindo o texto:*

"Na sexta-feira passada, dia 20 de Maio de 1993, _____ 18 horas da tarde, um indivíduo armado tentou _____ um casal de turistas que pretendia encontrar a rua onde morava um amigo.

O assaltante _____ aproximado, sorrateiramente, dos dois turistas que estavam de _____ para ele e terá encostado uma arma nas costas de _____ deles. Assustada com a situação, a senhora ficou _____ de terror enquanto o seu marido tentou _____ com o ladrão que terá deixado cair a arma no chão."

Vocabulário

Prática

I — *Preencha o quadro:*

Substantivos	Verbos	Particípio Passado
O encontro	encontar	*encontrado*
_____	_____	armado
_____	pretender	_____
O terror	_____	_____
_____	cair	_____
A declaração	_____	_____

II — *Qual é o oposto de:*

Ex.: vestir - despir

encontrar	o azarado	estar de costas
entrar	prender	pobre

Gramática

Prática

I — *Complete as frases com os verbos no futuro perfeito do indicativo ou no condicional pretérito:*

1. O ladrão _____ (arrombar) a porta com um empurrão.

2. A Polícia imagina que o ladrão _____ (ter) ajuda para roubar tanto material.

II — *Substitua as palavras sublinhadas por um advérbio:*

1. O ladrão respondeu, <u>com calma</u>, às perguntas do polícia.

2. O marido foi, <u>com pressa</u>, chamar a polícia.

UNIDADE 23

A FEIRA DO LIVRO

As feiras do livro são especiais. As mais importantes realizam-se todos os anos, no mês de Maio, numa praça ou parque das cidades do Porto e Lisboa.

Passeando de pavilhão em pavilhão, sentimos prazer ao descobrir a imensidão do saber e imaginação que terá saído de forma invulgar de cabeças de homens e mulheres como nós.

Um dia, estava na feira do livro e pus-me a observar as pessoas que aí acorriam. Eram de todas as idades, e todas procuravam nomes, títulos, escolhiam capas, mexiam e remexiam nos expositores em busca do livro *perdido*. Uns, com ar decidido, quando não encontravam a obra desejada, perguntavam, directamente, ao vendedor se a tinha. Umas vezes ficavam contentes com a resposta e saíam dali, segurando um embrulho com todo o cuidado para não o perderem. Outras, faziam má cara porque o empregado não conhecia o autor e saíam descontentes e frustrados. Outras pessoas, olhavam com ar indeciso, apenas queriam um livro para ler, mas não levavam nenhuma ideia concreta; apenas se sentiam apanhados no clima envolvente de todos aqueles leitores que os rodeavam. Depois de terem comprado um livrinho qualquer, sentiam-se felizes porque a sua ida à feira não tinha sido em vão. Havia também quem se mostrasse indeciso sobre o nome do autor, da editora, ou sobre o título da obra — "Terá sido publicado nesta editora?", "Será este o título?". Hesitavam por uns instantes antes de fazerem qualquer pergunta, com medo que reparassem na sua ignorância. Para além destes visitantes, viam-se também crianças que apontavam para as capas coloridas das colecções infantis e pediam aos pais para comprarem a feira em peso. Por fim, não podiam faltar a este acontecimento, os intelectuais, homens e mulheres que se alimentam da cultura. Com ar sisudo e compenetrado demoravam horas a fio nos expositores, parecendo adivinhar o que está escrito por dentro dos volumes. Abriam, fechavam, liam pequenas partes do seu interior e, depois, faziam um comentário qualquer e decidiam-se por alguma dessas obras. O quadro geral que se observa nestas ocasiões é bastante rico. Mas, acima de tudo, o mais reconfortante é saber que, no meio de um mundo aberto ao conhecimento como é um livro, nós nunca nos sentimos sós.

Vocabulário

Interpretação

a imensidão = grandeza

invulgar = original

minúsculas = muito pequenas

capas = parte exterior dum livro

embrulho = pacote

envolvente = que envolve

sisudo = muito sério

compenetrado = concentrado

volume = livro

Compreensão

I — Responda às seguintes perguntas:

1. Quando se realizam as feiras do livro do Porto e de Lisboa?

_____

2. Quem costuma frequentar a feira?

_____

3. O texto fala-nos de vários tipos de pessoas. Quais?

_____

4. Qual é a reacção das crianças quando vão à feira do livro?

_____

5. Que tipo de pessoas não podiam faltar a este tipo de feira? Porquê?

_____

II — Escolha as palavras ou expressões que melhor se aproximam às seguintes frases do texto:

1. "... as pessoas que aí acorriam. "

    a) compareciam   b) iam   c) corriam

2. "... remexiam nos expositores <u>em busca</u> do livro perdido. "

a) rebuscando   b) à procura   c) apanhando

3. " ... outros, faziam <u>má cara</u> ... "

a) mostravam-se zangados   b) mostravam-se doentes
c) mostravam-se tristes

4. "... a sua ida à feira não tinha sido <u>em vão</u>..."

a) em boa hora   b) aproveitada   c) desaproveitada

5. " ... para comprarem a feira <u>em peso</u>."

a) livros ao quilo   b) muitos livros   c) a feira toda

6. " ... os homens e mulheres <u>que se alimentam</u> de cultura."

a) que comem   b) vivem   c) estudam

7. " ... demoravam <u>horas a fio</u> ..."

a) pouco tempo   b) horas a ver   c) muito tempo

8. " ... o que está escrito <u>dentro</u> dos volumes."

a) na profundidade dos   b) no interior   c) na capa

III — *Preencha os espaços em branco ouvindo o texto:*

"As feiras do livro são _____. As mais importantes realizam-se todos os anos no _____ de Maio, numa praça ou _____ das cidades do Porto e Lisboa.

Passeando de pavilhão em pavilhão,_____ prazer ao descobrir a _____ do saber e imaginação que _____ saído de forma _____ de cabeças de homens e mulheres como nós."

Vocabulário

Prática

I — *Preencha o quadro:*

Substantivos	Verbos	Adjectivos
A realização	*realizar*	*realizável*
O passeio	_____	_____
_____	ler	_____
A capa	_____	_____
_____	cultivar	_____
A imaginação	_____	_____

II — *Qual é o advérbio de:*

Ex.: calma - calmamente

decidido	ignorante	cultural
reconfortante	envolvente	só

Gramática

Prática

I — *Complete as frases utilizando o futuro perfeito do indicativo ou o infinitivo pessoal composto:*

1. A Ana já _____ (comprar) os bilhetes para o teatro?

2. Depois de _____ (expor) as dúvidas ao professor, ficarão mais esclarecidos.

II — *Preencha os espaços em branco utilizando os verbos entre parêntesis:*

Um dia, _____ (andar) eu muito apressada a _____ (arrumar) a casa quando o telefone _____ (tocar). _____ (ser) a minha mãe a _____ (dizer) que _____ (ir) chegar atrasada porque o avião _____ (partir) mais tarde do que _____ (estar) previsto.

UNIDADE 24

O HIPERMERCADO

No final de cada mês, a Rita vai fazer as suas compras ao hipermercado. Nesse dia, sente-se aborrecida porque está um trânsito infernal na auto-estrada e ela demora sempre 60 minutos para chegar ao seu destino.
Quando chega ao parque de estacionamento, é o bom e o bonito para arranjar lugar. São carros, carrinhas, camionetas, enfim, tudo a competir por um simples lugar.
Há dias, não chocou com outro carro por uma unha negra. Finalmente, lá tinha acabado por encontrar um lugar livre. Preparava-se para estacionar quando outro condutor dirigiu a sua viatura, a toda a velocidade, para essa mesma vaga. A Rita ficou tão furiosa que quase chegou a vias de facto com ele. Se não fosse outro senhor que estava por perto, ela tinha mesmo perdido as estribeiras. Depois, quando acalmou, veio a saber pelo senhor que o outro indivíduo já estava à procura de estacionamento há mais de 15 minutos, sem qualquer sucesso. Acabaram por pedir desculpa um ao outro e concordaram que era necessário ter nervos de aço para aguentar aquele tipo de situação.
Dentro do hipermercado foi outra confusão, uma corrida desenfreada de carrinhos de compras a passar de um lado para o outro. Já estava cansada de tanta correria quando, junto ao balcão do peixe, encontrou uma colega de trabalho que também fazia compras.

Rita: Oh! Mas tu és a Sandra! Também andas por aqui, no meio deste martírio? É horrível ter de vir às compras, ainda mais no fim do mês.

Sandra: Tu vens cá no final de cada mês? Não faças isso! Principalmente a esta hora, quando toda a gente sai do trabalho e aproveita para vir reabastecer-se. Hoje estou aqui porque precisava de vir buscar o peixe que encomendei. Eu venho sempre no final da segunda semana do mês. Anda menos gente por aqui e tu circulas à vontade.

Rita: Deves ter razão. Bem, vou andando para a caixa. Espero por ti lá fora. Quando tiveres terminado as tuas compras eu estarei na entrada à tua espera.

Vocabulário

Interpretação

carrinha = carro de dois lugares para transporte de mercadorias
vaga = lugar livre
furiosa = irritada
precipitou = acelerou
desenfreada = rápida, como se estivessem sem travões
reabastecer = voltar a fornecer-se

Compreensão

I — *Responda às seguintes perguntas:*

1. Quando é que a Rita costuma ir fazer compras?

_____

2. Como é que ela se sente nesses dias? Porquê?

_____

3. O que é que lhe aconteceu uma vez?

_____

4. Quem é que ela encontrou no hipermercado?

_____

5. Que conselho lhe deu a colega?

_____

II — *Escolha as palavras ou expressões que melhor se aproximam às seguintes frases do texto:*

1. "... porque está um trânsito underline{infernal} ..."

    a) caloroso   b) horrível   c) invernal

2. "... é o bom e o bonito para arranjar lugar ..."

    a) uma dificuldade   b) uma bela paisagem   c) um lugar bonito

3. "... não chocou com o outro carro por uma unha negra ..."

a) por uma insignificância   b) por nada   c) por um triz

4. "... quase chegou a vias de facto com ele..."

a) o insultou   b) o abraçou   c) o agrediu

5. "... ela perdia mesmo as estribeiras."

a) a cabeça   b) a carteira   c) o carro

6. "... veio a saber pelo senhor ..."

a) descobriu   b) antes soube   c) terminou por saber

7. "... era necessário ter nervos de aço..."

a) fortes   b) fracos   c) frios

8. "... no meio deste martírio?"

a) sossego   b) situação   c) sofrimento

III — *Preencha os espaços em branco ouvindo o texto:*

"No final de _____ mês, a Rita vai fazer as _____ compras ao hipermercado. _____ dia, sente-se sempre _____ porque está um trânsito _____ na auto-estrada e demora _____ 60 minutos para chegar ao seu _____."

Vocabulário

Prática

I — *Qual é o advérbio de:*

Ex.: calma - calmamente

demora   vago   perder

precipitar   desenfreada   horrível

II — *Qual é o verbo de:*

Ex.: as compras - comprar

os nervos	a confusão	a corrida
o martírio	o final	a entrada

Gramática

Prática

I — *Substitua a oração sublinhada por outra, utilizando o futuro composto do conjuntivo e começando por:*

Ex.: Terminado o trabalho, vou para casa descansar.
Assim que tiver terminado o trabalho, vou para casa descansar.

1. Acabadas as aulas, poderemos ir para o campo.

2. Chegando o Pedro, partiremos sem demoras.

II — *Preencha os espaços em branco utilizando* vir a *ou* acabar por:

Ex.: Não queria sair de casa, mas o Tó acabou por me convencer a fazê-lo.

1. Não gosto de sopa, mas a que a minha mãe fez ontem cheirava tão bem que _____ comer um prato cheio.

2. Quando entreguei o meu exame, não tinha a certeza se tinha feito o segundo exercício correctamente. Mais tarde, _____ verificar que, afinal, tinha feito bem todo o exame.

UNIDADE 25

UM DIA DIFERENTE

Era Inverno e o dia estava cinzento. Fazia muito frio e não se via praticamente ninguém na rua. Era sábado e eu estava aborrecida por não
saber o que fazer. Passei a manhã inteira à janela a observar na rua a
mais pequena diferença na paisagem, o que raramente acontecia. Tendo
acabado de almoçar resolvi pegar na minha lista telefónica e folheá-la
à procura de um nome que me chamasse a atenção. Quando cheguei
à letra D, parei e resolvi ligar ao Duarte. Ele era uma pessoa sempre
bem disposta, prestável e tinha ideias inovadoras que encantavam sempre os amigos.
Eu tinha mudado de casa há pouco tempo e não conhecia nenhum dos
meus novos vizinhos. Por isso, sentia-me muito só. Era um bom pretexto
para convidar colegas e amigos para me visitarem. Preparava uns comes
e bebes e fazíamos uma festa que se prolongaria pela noite dentro.

Fátima: Está? Boa tarde, é da casa do Duarte?
Duarte: É sim, é o próprio. Quem fala?
Fátima: Não te lembras de mim? Sou a Fátima.
Duarte: Olá Fátima! Há quanto tempo não te ouvia! O que é que tens
feito? Eu devo estar muito diferente porque tu, no outro dia,
nem me reconheceste.
Fátima: Quando? Não me lembro de te ter visto!
Duarte: Na quarta-feira, passei por ti de carro, buzinei, chamei-te, tu
olhaste e não me ligaste nenhuma. Ia tendo um acidente por
tua causa.
Fátima: Desculpa Duarte, mas realmente não te vi. O teu carro ainda
é o mesmo?
Duarte: Não. Agora é outro, melhor do que o anterior. Passei a chefe
de pessoal na empresa e puseram um carro novo à minha
disposição. Não é meu, claro! Mas posso utilizá-lo sempre que
quiser.
Fátima: Por acaso hoje vais estar com o resto do pessoal? Se fores ter
com eles e não tiverem nada que fazer, podias sugerir que
viessem a minha casa e fazíamos aqui uma festa até bastante
tarde. Era uma boa oportunidade para vos voltar a ver e
também nos divertíamos. Que dizes?
Duarte: Por mim, conta comigo. Mas primeiro vou falar com os outros.
Daqui a 10 minutos telefono-te.
Fátima: Está bem, eu espero.
Duarte: Até já.

107

Vocabulário

Interpretação

raramente = poucas vezes

prestável = que gosta de ajudar as pessoas

inovadoras = novas e diferentes

reconhecer = relembrar-se de uma pessoa que conheceu há muito tempo

folhear = voltar as folhas

comes e bebes = comidas e bebidas

Compreensão

I — *Responda às seguintes perguntas:*

1. O que é que a Fátima esteve a fazer toda a manhã?

_____

2. O que é que ela pensou fazer?

_____

3. Quem era o Duarte?

_____

4. O Duarte disse-lhe que devia estar muito diferente. Porquê?

_____

5. O que é que a Fátima propôs ao Duarte? Porquê?

_____

II — *Escolha as palavras ou expressões que melhor se aproximam às seguintes frases do texto:*

1. "Tendo acabado de almoçar ..."

   a) Assim que acabei   b) Enquanto acabava   c) Antes que acabasse

2. "... resolvi <u>ligar</u> ao Duarte ..."

a) dar atenção   b) prestar atenção   c) telefonar

3. "... que se prolongaria <u>pela noite dentro</u> ..."

a) até muito tarde   b) toda a noite   c) até à noite

4. "Na quarta-feira <u>passei por ti</u>..."

a) cruzei-me contigo   b) encontrei-te   c) chamei-te

5. "... não <u>me ligaste</u> nenhuma ..."

a) me telefonaste   b) me deste atenção   c) me viste

6. "... um acidente <u>por tua causa</u>..."

a) para te chamar a atenção   b) por tua culpa   c) para te agradar

7. "... com o resto <u>do pessoal</u>?"

a) dos empregados   b) dos clientes   c) dos amigos

8. " Por mim, <u>conta comigo</u>."

a) eu vou   b) verifica comigo   c) eu falo

III — *Preencha os espaços em branco ouvindo o texto:*

"Era Inverno e o dia estava cinzento. _____ muito frio e não _____via praticamente ninguém na _____. Era sábado e eu estava aborrecida _____não saber o que fazer. Passei a manhã _____ à janela a _____ na rua a mais pequena diferença na paisagem, o que _____ acontecia."

Vocabulário

Prática

I — *Qual é o particípio passado de:*

Ex.: falar - falado

fazer	observar	conhecer
ser	passar	utilizar

II — *Qual é o substantivo de:*

Ex.: falar - a fala

reconhecer	observar	passar
mudar	prolongar	ligar

Gramática

Prática

I — *Substitua os verbos sublinhados pelo verbo* passar *mais* preposições:

Ex.: Fui promovido a chefe do pessoal na empresa.
Passei a chefe do pessoal na empresa.

1. A minha irmã casou e eu mudei-me para o quarto dela que é mais claro.

2. Ontem, o alarme da loja em frente da minha casa disparou, chamaram a polícia, mas foi apenas uma avaria no sistema.

II — *Preencha os espaços em branco com as preposições adequadas:*

1. Deito-me antes _____ meia-noite, mas não vou para a cama _____ beber primeiro um copo _____ leite. O leite faz bem _____ saúde.

2. Mandei uma carta _____ meus amigos que estão _____ França, _____ via aérea.

UNIDADE 26

A REPORTAGEM

A Cláudia é uma excelente jornalista da televisão. Ela tem em mãos uma reportagem importante sobre as férias em Portugal. Esteve, durante toda a noite, a organizar o material da primeira parte do trabalho. Um colega, que chegou muito cedo à estação de televisão, viu-a com o ar cansado de quem não tinha pregado olho a noite inteira.

Fábio: Olá Cláudia! Estás bem? Estás com má cara! Queres uma mãozinha? Como vai a reportagem?

Cláudia: Nem me fales na reportagem! É muito interessante, mas vi-me grega para juntar as partes mais objectivas da história. Houve uma altura que já não sabia o que fazer, meti os pés pelas mãos. Foi uma trapalhada para conseguir dar uma sequência lógica às várias entrevistas que eu fiz. Já fiz alguns cortes no filme, agora preciso de elaborar o texto. Mas, finalmente, parece que encontrei o caminho certo.

Fábio: Descansa um pouco, depois continuas. Sempre queres a minha ajuda?

Cláudia: Se não te importasses, agradecia que me ajudasses depois a fazer o texto. Agora vou comer qualquer coisa, tenho a barriga a dar horas. Fica com os meus apontamentos para não se perder nenhuma folha. Eu volto já!

Passado uma hora...

Cláudia: Já cá estou!

Fábio: Estive a ler as tuas notas e achei que não estão muito claras. Tens aqui coisas sem pés nem cabeça, misturadas com outras bastante interessantes. Não vai ser canja juntar o essencial.

Cláudia: Não te preocupes, sei o que escrevi. E já tenho tudo estruturado mentalmente. O único problema é que disponho de muito pouco tempo para terminar o trabalho: fiquei de o entregar no fim desta semana.

Fábio: Estou a ver. Bom! Mãos à obra! Esta parte aqui é essencial, e olha que fizeste um trabalho fantástico. Como é que conseguiste entrevistar tanta gente em tão pouco tempo?

Cláudia: Não foi fácil, mas felizmente consegui. Havia gente de toda a espécie. Uns eram bastante breves a falar e outros falavam pelos cotovelos. A parte fulcral do documentário vai ser a dos donos dos empreendimentos turísticos que falaram do intenso movimento de turistas estrangeiros e portugueses, principalmente no mês de Agosto.

Fábio: Bem, vamos seleccionar os temas. O que ficar por fazer, termina-se amanhã.

Cláudia: Vamos tratar da primeira parte da reportagem porque o filme já está pronto e o resto fica para depois.

Fábio: Combinado! Vamos ao trabalho.

Vocabulário

Interpretação

objectivas = claras
trapalhada = confusão
sequência = continuidade
entrevista = conjunto de perguntas e respostas
apontamentos = notas
essencial = importante
fulcral = importante
empreendimento = empresa

Compreensão

I — Responda às seguintes perguntas:

1. Qual é a profissão da Cláudia?

2. Em que é que ela está a trabalhar?

3. Quem é o Fábio?

4. O que é que ele propôs à Cláudia?

5. O Fábio está admirado com o trabalho da Cláudia. Foi fácil para ela fazer as entrevistas? Porquê?

II — Escolha as palavras ou expressões que melhor se aproximam às seguintes frases do texto:

1. "... ar cansado de quem não <u>tinha pregado olho</u> a noite inteira."

   a) se tinha concentrado   b) tinha fixado   c) tinha dormido

2. " ... Queres uma mãozinha?"

a) ajuda   b) um cumprimento   c) uma caneta

3. "... mas vi-me grega para juntar as partes... "

a) na Grécia   b) estrangeira   c) aflita

4. "... meti os pés pelas mãos..."

a) pus os pés para o ar   b) atrapalhei-me   c) fiz ginástica

5. "... tenho a barriga a dar horas ..."

a) dores no estômago   b) o estômago inflamado   c) fome

6. "... coisas sem pés nem cabeça ..."

a) aleijadas   b) com falhas   c) ilógicas

7. "Não vai ser canja juntar o essencial."

a) Não vai ser fácil   b) Não vai ser sopa   c) Não vai ser bom

8. " ... outros falavam pelos cotovelos."

a) desconfiados   b) não falavam   c) falavam muito

III — *Preencha os espaços em branco ouvindo o texto:*

"A Cláudia é uma _____ jornalista da televisão. Ela tem uma reportagem importante _____ as férias em Portugal. Esteve, toda a noite, a _____ o material da _____ parte do trabalho. Um colega, que _____ muito cedo à estação de televisão, _____ com um ar cansado de quem não _____ olho a noite inteira."

Vocabulário

Prática

I — *Complete o quadro:*

Substantivos	Verbos	Adjectivos
A organização	*organizar*	*organizado*
O fundamento	_____	_____
_____	atrapalhar	_____
A entrevista	_____	_____
O corte	_____	_____
_____	seleccionar	_____

II — *Qual é o oposto de:*

Ex.: dar - receber

a organização   a noite   a parte

perder   cedo   dificil

Gramática

Prática

I — *Substitua o verbo, mais a preposição, por outro verbo sem modificar o sentido da frase:*

Ex.: O Pedro <u>ficou de</u> vir ter comigo às 7 horas da tarde.
O Pedro comprometeu-se a vir ter comigo às 7 horas.

1. Ontem pediste-me para <u>ficar com</u> os teus apontamentos e eu hoje esqueci-me deles.

2. A Câmara Municipal <u>fica na</u> Avenida dos Aliados.

II — *Modifique as frases sem alterar o sentido, começando por:*

1. Apesar de haver muito trânsito, vou para o centro da cidade.
Embora _____.

2. No caso de ser muito tarde, terminamos o trabalho amanhã.
Caso _____.

UNIDADE 27

UMA LIÇÃO DE LITERATURA

A biblioteca da escola estava cheia de estudantes que consultavam livros sobre literatura porque, na semana seguinte, tinham o grande exame final onde os conhecimentos deles iam ser postos à prova.

O Paulo, a Joana e o Carlos, como já lá não tinham lugar, foram estudar para casa do Miguel, visto que ele tem uma enorme biblioteca em casa, herdada do seu avô que era professor de História.

Eles tinham de estudar as obras de Camões, o grande poeta português.

Miguel: Entrem! Sejam benvindos à minha biblioteca. Admirem estas estantes repletas de volumes. Não é espantoso? A quantidade de livros que o meu avô leu em toda a sua vida! Entretenham-se a procurar aqueles de que precisarem enquanto eu vou buscar os que me interessam.

Paulo: Está bem! Vamos investigar...

Joana: Olhem! Está aqui um livro, datado de 1940, que fala só sobre "Os Lusíadas", de Camões.

Carlos: Impecável! Mostra lá! O que é que diz?

Joana: Diz que é a obra mais importante de toda a nossa literatura. Escrita por Luís Vaz de Camões, em meados do século XVI, é uma criação humanista, onde o poeta canta o espírito aventureiro, corajoso e saudosista dos portugueses. É um documento histórico de grande valor porque conta a História de Portugal, desde os primórdios até ao reinado de D. Sebastião. Foi escrito em verso e seguiu os padrões estéticos da época. D. Sebastião era o rei de Portugal nos meados do século XVI e foi a este monarca que Camões dedicou a sua obra, conferindo-lhe uma parte a que chamou " Dedicatória".

Paulo: Diz isso tudo no prefácio? Então convém-nos ler esse livro.

Joana: Também fala sobre a interferência da mitologia clássica na obra. Os deuses greco-romanos intervêm ao longo da história a favor dos portugueses. Parece ser um livro bastante interessante. Devia ser um dos mais apreciados pelo teu avô. Não achas Miguel?

Miguel: Penso que sim. Mas não é o único que fala sobre Camões. Vocês vão achar outros espalhados pelas prateleiras.

Paulo: A tua biblioteca é fenomenal. É melhor do que estar na escola no meio daquela gente toda a tentar consultar os mesmos livros. Acho que vamos fazer um excelente exame.

Vocabulário

Interpretação

em meados = a meio

corajoso = valente

saudosista = aquele que cultiva a saudade

prefácio = considerações gerais sobre o assunto de um livro; aparece sempre
nas primeiras páginas de um volume

Compreensão

I — *Responda às seguintes perguntas:*

1. Porque é que a biblioteca da escola estava cheia de estudantes?

_____

2. Para onde é que foram estudar o Paulo, a Joana e o Carlos?

_____

3. Porque é que eles foram para lá?

_____

4. O que é que a Joana encontrou?

_____

5. Qual é o assunto de " Os Lusíadas"?

_____

II — *Escolha as palavras ou expressões que melhor se aproximam às
seguintes frases do texto:*

1. "... os conhecimentos deles iam ser postos à prova..."

   a) saboreados   b) conquistados   c) testados

2. "... que provém do seu avô..."

   a) foi herdada   b) pertence   c) será

3. " Admirem estas estantes <u>repletas</u> de livros..."

a) repelentes   b) cheias   c) antigas

4. "<u>Entretenham-se</u> a procurar os livros..."

a) Divirtam-se   b) Concentrem-se   c) Espalhem-se

5. "... é a obra mais importante <u>de todos os tempos</u>..."

a) de sempre   b) de todas as horas   c) de todos os períodos

6. "... desde <u>os primórdios</u> ..."

a) todos os tempos   b) os primitivos   c) o início

7. "... Camões dedicou-lhe a sua obra <u>conferindo-lhe</u> uma parte..."

a) verificando-lhe   b) concedendo-lhe   c)   analisando-lhe

8. " Os deuses greco-romanos <u>intervêm</u> ao longo da obra..."

a) aparecem   b) interferem   c) entre ajudam

III — *Preencha os espaços em branco ouvindo o texto:*

"A biblioteca da escola _____ cheia de estudantes, que _____ livros sobre literatura _____, na semana seguinte, tinham o grande _____ final onde os _____ deles iam ser _____ à prova.

O Paulo, a Joana e o Carlos, _____ já lá não tinham lugar, _____ estudar para casa do Miguel."

Vocabulário

Prática

I — *Qual é o substantivo de:*

consultavam	provém	admirem
leu	entretenham	interessam

117

II — *Qual é o adjectivo de:*

poder	admirar	ler
interessar	procurar	provir

Gramática

Prática

I — *Substitua o verbo / expressão sublinhado(a) por um verbo derivado de* **ver** *ou* **vir:**

Ex.: Já vi o filme mas vou ter de o voltar a ver.
Já vi o filme mas vou ter de o rever.

1. Não estudou e, por isso, já era de calcular que não passasse no exame.

2. Estavamos a discutir política no café quando um desconhecido se intrometeu na nossa conversa.

II — *Preencha os espaços em branco utilizando a opção que achar mais adequada:*

1. É necessário que _____ à tua mãe para lhe _____ que já chegaste a Lisboa.

   a) escreves ... dizeres   b) escrevas ... disseres
   c) escreves ... disseres   d) escrevas ... dizeres

2. Quando _____ a fazer compras no supermercado, _____ a minha irmã na caixa.

   a) estive ... visse   b) estava ... vi
   c) estou ... via   d) estiver ... vi

UNIDADE 28

O PARQUE NACIONAL DO GERÊS

O Parque Nacional do Gerês fica situado no norte de Portugal. É um grande espaço verde cheio de lugares por explorar. Lá, estamos em pleno contacto com a natureza, com as árvores, os riachos e os animais selvagens que circulam livremente sem qualquer risco de serem apanhados nas armadilhas cruéis que a nossa espécie tantas vezes lhes impõe.

As maravilhas desse amplo espaço verde são imensas, oferecendo motivos de interesse que variam de acordo com a nossa própria curiosidade e, principalmente, com as estações do ano.

De Verão, podemos dar passeios, evidentemente limitados às zonas autorizadas pela guarda florestal. Aí respiramos ar puro, enquanto apreciamos a calma de um ambiente ameno e real. Apesar do calor, típico nessa época do ano, é um lugar fresco e leve, agradabilíssimo para quem não suporta a vida da cidade ou não aprecia ficar na praia a apanhar sol e a tomar banhos de água salgada.

De Inverno, o Gerês tem outros encantos. Embora o clima seja muito frio, podemos alugar uma cabana, isto é, uma pequena casa de campo, simples mas confortável, apesar de não dispor de electricidade. Para iluminar a casa, temos de utilizar velas. Assim, o contacto com a natureza é mais real porque, como todos nós sabemos, a electricidade é um sinal de civilização e, na verdade, não interessa num lugar como este. Quanto ao aquecimento, a cabana está provida de lareiras e de lenha para uma atmosfera mais acolhedora, propícia para reuniões familiares ou de amigos. Parece monótono mas não é. Geralmente as pessoas adoram reunir-se à roda de um bom fogo para contar anedotas, cantar, tocar viola, enfim, fazer tudo aquilo que não têm tempo de fazer na cidade.

Quando o tempo começa a melhorar, há quem pratique campismo selvagem pelas zonas menos exploradas desta região. Encontram-se cavalos selvagens a comer tranquilamente nas clareiras da floresta, pequenas aldeias de pedra onde as pessoas, na sua maioria idosas, pouco conhecem da "civilização"... Também se descobrem nascentes de água pura, propícias a um bom banho refrescante depois de uma caminhada de mochila às costas. Podem tirar-se belas fotografias nas encostas dos montes onde não se avista nem um vestígio da floresta de pedra que circunda este paraíso.

Nos tempos que correm, sítios com este valem ouro. Oxalá assim seja conservado, ao contrário do que tem sido feito à maior parte das florestas e reservas mundiais.

Vocabulário

Interpretação

risco = perigo
armadilhas = ratoeiras
cruéis = muito más
anedotas = piadas
mochila = saco que se transporta às costas

Compreensão

I — *Responda às seguintes perguntas:*

1. O que é e onde fica o Gerês?

2. O que é que lá se pode fazer de Verão?

3. E de Inverno?

4. O que é que é sugerido às pessoas que alugam uma cabana?

5. Há muitos sítios como este? Justifique com uma frase do texto.

II — *Escolha as palavras ou expressões que melhor se aproximam às seguintes frases do texto:*

1. "Lá, estamos em pleno contacto com a natureza ..."

   a) amplo contacto   b) contacto directo   c) alto contacto

2. "... para quem não suporta a vida da cidade..."

   a) não tem forças para   b) não leva   c) não aguenta

3. " Embora o clima seja muito frio ..."

   a) Apesar de o clima ser   b) Assim que o clima seja   c) Até o clima ser

4. "... a electricidade é <u>um sinal</u> de civilização ..."

a) uma luz   b) um resto   c) um indício

5. "... a casa <u>está provida</u> de lareiras ..."

a) munida   b) providenciada   c) mantida

6. "... para um ambiente <u>mais acolhedor</u> ..."

a) mais colhido   b) mais encantador   c) mais reconfortante

7. " É uma atmosfera <u>propícia</u> para reuniões ..."

a) próspera   b) adequada   c) calma

8. "... sítios como este <u>valem ouro</u>."

a) escondem ouro   b) são muito valiosos   c)   são afortunados

III — *Preencha os espaços em branco ouvindo o texto:*

"O _____ Nacional do Gerês fica situado no norte de Portugal. É um grande espaço _____ cheio de lugares por _____. Lá, estamos em _____ contacto com a natureza, com as _____, os riachos e os animais selvagens que _____ livremente sem qualquer _____ de serem apanhados nas armadilhas _____ que a nossa espécie tantas vezes lhes impõe."

Vocabulário

Prática

I — *Qual é o adjectivo de:*

Ex.: espaço - espaçoso

contacto   electricidade   civilização

amigos   floresta   humanidade

121

II — *Qual é o oposto de:*

Ex.: grande - pequeno

cruel   autorizado   ameno

salgada   conforto   exploradas

Gramática

Prática

I — *Preencha os espaços em branco utilizando os verbos entre parêntesis:*

Ajudem a salvar as nossas florestas, não _____ (deitar) pontas de cigarro para o chão, não _____ (fazer) fogueiras sem protecção, não _____ (destruir) as plantas e não _____ (cortar) demasiadas árvores. _____ (lembrar-se) de que a natureza que _____ (servir) a Humanidade também _____ (querer) ser respeitada!

II — *Preencha os espaços em branco com preposições:*

1. _____ Natureza existe tudo aquilo _____ que as pessoas necessitam _____ sobreviver. Combatam a poluição _____ que possam viver _____ paz _____ a vossa consciência.

2. Ontem andei _____ autocarro, deixei o meu carro _____ garagem. Habitualmente, saio todos os dias _____ meu carro, mas hoje apeteceu-me ir _____ autocarro nº 90.

UNIDADE 29

O CARNAVAL

O Carnaval é uma festa peculiar. Apesar de não ter data fixa, realiza-se em geral durante o mês de Fevereiro, dividindo-se por três dias de intensa folia. É um espectáculo de cores onde não falta a magia dos disfarces e das máscaras.
As raízes desta tradição remontam à antiguidade. Nessa altura, os festejos tinham um carácter religioso, expresso em representações simbólicas de lutas entre o bem e o mal, ilustrando um processo de purificação, em que os indivíduos pretendiam confundir e afastar os maus espíritos. Mais tarde, os cristãos assimilaram essas cerimónias que, embora pagãs, continuavam vivas nas tradições populares. A inclusão desses rituais no calendário litúrgico data de então. Actualmente, o Entrudo está muito mudado, embora continue bastante vivo em diversas partes do mundo.
Nestes dias de festa, a máscara tem um papel importante. Sem ela, o Carnaval não seria o que é, despojado do seu símbolo de diversão e disfarce. O ar misterioso de quem esconde a realidade, confere à máscara o carácter místico e estranho que se pode observar num dos maiores carnavais do mundo: o de Veneza.
Em Portugal, esta tradição não chega à sofisticação que se encontra na cidade italiana. Todavia, também por cá as pessoas saem à rua mascaradas, vão a festas para exibirem os seus trajes, fazem-se cortejos com carros alegóricos criticando acontecimentos sociais e figuras públicas, pregam-se partidas.
Contudo, quando se fala neste assunto não se pode deixar de pensar no mais esplendoroso Carnaval de todos: o do Brasil. A magnificência que aí se encontra é a prova de que o povo ainda usa estes dias para desabafar as mágoas duma vida dura e cruel. Também é nesta época que os brasileiros demonstram ao mundo a essência tropical do país. O desfile do Rio de Janeiro — o maior do mundo — é um festival de cores, ritmos, ostentação e loucura. As escolas de samba participantes entregam-se de corpo e alma, durante o ano inteiro, à preparação destes momentos únicos e inesquecíveis, durante os quais toda a gente tenta esquecer a rotina e viver para a alegria de exibir os magníficos carros alegóricos, os deslumbrantes trajes cheios de penachos coloridos e brilhantes, e a sua arte.
No entanto, tudo tem um fim. Após a magia da libertação do espírito e do corpo, surgem as cinzas, o tempo de voltar à realidade quotidiana e de apagar os vestígios desses dias que hão-de voltar no ano seguinte.

Vocabulário

Interpretação

peculiar = diferente, original
folia = diversão
disfarces = máscaras, fingimentos
alia-se = une-se
entrudo = Carnaval
ritual = cerimonial
alegórico = simbólico
penachos = ornamentos feitos de penas
liturgia = conjunto de cerimónias religiosas

Compreensão

I — *Responda às seguintes perguntas:*

1. O que é o Carnaval ? Quanto tempo dura?

2. Qual era a função original do Carnaval?

3. Qual é a importância da máscara?

4. Como é o Carnaval em Portugal?

5. E no Brasil?

II — *Escolha as palavras ou expressões que melhor se aproximam às seguintes frases do texto:*

1. "...as raízes desta tradição remontam à antiguidade..."

   a) datam de   b) chegam a   c) recordam

2. "... <u>confere à máscara</u> o carácter místico e estranho ..."

a) verifica-lhe   b) analisa-lhe   c) dá-lhe

3. " ... esta tradição <u>não chega à sofisticação</u> da que se encontra na cidade italiana."

a) é menos sofisticado do que   b) é igualmente sofisticado
c) é mais sofisticado do que

4. "... vão a festas para exibirem os seus <u>trajes</u> ..."

a) disfarces   b) uniformes   c) roupas

5. " ... com carros alegóricos <u>criticando</u> acontecimentos ..."

a) que criticam   b) e criticam   c) criticado

6. " o mais <u>esplendoroso</u> Carnaval de todos: o do Brasil..."

a) resplandescente   b) esplêndido   c) brilhante

7. "... o povo usa estes dias para <u>desabafar</u> as mágoas duma vida dura ..."

a) acabar   b) aliviar   c) destruir

8. "... os seus <u>deslumbrantes</u> trajes ..."

a) maravilhosos   b) exagerados   c) descorados

III — **Preencha os espaços em branco ouvindo o texto:**

"O Carnaval é uma festa _____. Apesar de não ter _____ fixa, realiza-se em geral _____ o mês de Fevereiro, dividindo-se por _____dias de intensa folia. É um espectáculo de _____ onde não falta a _____ dos disfarces e das máscaras.

As raízes desta _____ remontam à antiguidade. Nessa altura, os _____ tinham um _____ religioso, expresso em representações _____ de lutas entre o bem e o mal, _____ um processo de purificação."

O CARNAVAL

Vocabulário

Prática

I — Qual é o adjectivo de:

Ex.: a realidade - real

a essência	o espírito	Idade Média
a reconciliação	a diversão	a crueldade

II — Qual é o verbo de:

Ex.: a diversão - divertir

a magia	o disfarce	a máscara
sofisticado	a ostentação	a realidade

Gramática

Prática

I — Modifique as frases, sem lhes alterar o sentido, começando por:

1. Tendo começado o exercício, vou tentar acabá-lo em 10 minutos.
   Assim que _____.

2. Tendo arrumado a cozinha, saio logo de casa para ver o desfile de Carnaval.
   Mal _____.

II — Substitua as palavras sublinhadas pelo gerúndio simples:

Ex.: O Pedro saiu com o carro da garagem e arrancou com toda a velocidade.
     O Pedro saiu com o carro da garagem arrancando com toda a velocidade.

1. A criança ouviu a história infantil com um sorriso.
2. A Maria estava a chegar a casa quando encontrou o Luís.

126

UNIDADE 30

O PROBLEMA ECOLÓGICO

Numa escola secundária de Lisboa, um famoso ecologista estava a dar uma conferência sobre o ambiente, para alertar os jovens em relação aos graves problemas de que o nosso planeta sofre actualmente.

Ecologista: Hoje em dia, todas as pessoas conscientes têm uma preocupação comum: a poluição exagerada que se verifica no planeta em geral. Porém, muita gente ainda parece acreditar que o problema não lhe diz respeito. Crêem, essas pessoas, que a poluição só toca os outros. Mas não é verdade. E, de facto, a situação — que já não está nada boa — vai piorando, de dia para dia, com essa falta de cuidado e consciência. Quando o problema afectar verdadeiramente cada um de nós em particular já será tarde de mais, porque a Natureza já terá sido completamente destruída e nada poderá ser feito para a salvar.
Sem dúvida, temos em mãos um assunto extremamente sério e que pede solução urgente. Há quem faça ouvidos de mercador e não acredite nos debates, na publicidade e nos avisos que podemos ouvir e ver por toda a parte. Se todos cruzarmos os braços perante o alerta de quem já tem consciência dos perigos e ameaças que, neste momento, afectam o planeta, este em breve deixará de ter capacidade de nos sustentar.
A Terra tem combatido, sozinha, todas as agressões produzidas pela humanidade. Neste momento, já está saturada desse combate desigual e necessita da nossa ajuda para recompor as suas energias. Todos temos de agir contra as chuvas ácidas, a destruição da camada de ozono, a desflorestação, os lixos, o efeito de estufa e outras ameaças.

Aluno: Como poderemos começar a fazê-lo?

Ecologista: É simples, e todos podem começar com pequenas coisas, como poupar o vosso material escolar, não o destruindo ou desperdiçando. Quando, em casa, tiverem acabado de estudar, apaguem a luz da escrivaninha. Não liguem a aparelhagem e a televisão ao mesmo tempo, não deixem o frigorífico aberto quando lá forem tirar alguma coisa para beber. Se forem fazer compras, verifiquem se os produtos que vão comprar são biodegradáveis para não aumentarem a poluição. Até a incineração do lixo, que aparentemente parece resolver o problema, lança para a atmosfera gases tóxicos que provocam as chuvas ácidas e o efeito de estufa. Combatamos o uso de produtos que contribuem para o aumento do buraco do ozono.
Não se esqueçam! Nós vivemos da Natureza e a Natureza vive por e para nós. Ajudemos a reconstruir a nossa grande casa!

Vocabulário

Interpretação

conferência = palestra
alertar = chamar a atenção
debates = discussões, confrontos de ideias
chuvas ácidas = chuvas químicas, poluentes
efeito de estufa = aquecimento global da Terra
escrivaninha = mesa de estudo
incineração = destruição pelo fogo

Compreensão

I — *Responda às seguintes perguntas:*

1. Quem é que deu uma conferência numa escola secundária em Lisboa? Para quê?

2. Qual é a preocupação comum de todas as pessoas do mundo?

3. Como é que podemos evitar que o nosso planeta morra?

4. Que conselhos é que o ecologista dá aos jovens?

5. Procure no texto a expressão que o ecologista utilizou para dizer que o mundo é de todos nós.

II — *Escolha as palavras ou expressões que melhor se aproximam às seguintes frases do texto:*

1. "... que o nosso planeta <u>sofre</u> actualmente..."

   a) ajuda   b) afecta   c) reflecte

2. "Sem dúvida, temos em mãos um assunto ..."

a) somos responsáveis por   b) seguramos   c) possuimos

3. Há quem faça ouvidos de mercador..."

a) seja curioso   b) não ouça   c) tente ouvir

4. "Se todos cruzarmos os braços..."

a) descansarmos   b) fizermos gestos   c) não fizermos nada

5. "... este em breve deixará de ter capacidade de nos sustentar"

a) querer   b) poder   c) intenção

6. "... a Terra está saturada desse combate..."

a) irritada com   b) cheia de   c) activa em

7. "... desse combate desigual..."

a) frente a frente   b) injusto   c) destruidor

8. "... para recompor as suas energias ..."

a) recuperar   b) construir   c) activar

III — *Preencha os espaços em branco ouvindo o texto:*

"Sem dúvida, temos em mãos um assunto _____ sério e urgente para _____. Há quem faça ouvidos de _____ e não acredite nos debates, na _____ e nos avisos que podemos ouvir e ver por toda a _____. Se todos _____ os braços perante o alerta de quem já tem _____ dos perigos e ameaças que, neste momento, afectam o planeta, este em breve deixará de ter capacidade de nos sustentar. "

Vocabulário

Prática

I — *Qual é o advérbio de:*

Ex.: atento - atentamente

o ecologista   agressão   particular

a dúvida   a consciência   o perigo

II — *Qual é o substantivo de:*

Ex.: alertar - o alerta

exagerada   verdadeiramente   particular

destruída   sustenta   poupar

Gramática

Prática

I — *Preencha os espaços em branco utilizando os verbos entre parêntesis:*

1. Se nós _____ (destruir) a Natureza, ela não _____ (sobreviver).

2. Ontem fui assistir a um debate sobre a poluição. Quando saí da sala descobri que não tinha o meu guarda-chuva. Espero que não o _____ (perder).

II — *Preencha os espaços em branco utilizando os verbos entre parêntesis:*

1. Se _____ (vocês/partido) às 10 horas _____ (chegar) mais cedo.

2. Se _____ (nós/ter) tempo, talvez _____ (fazer) um bolo para o chá.

SOLUÇÃO DOS EXERCÍCIOS

UNIDADE 1

NO MÉDICO

Compreensão

I.

1. A D. Alice sentia-se um pouco fraca, tinha dores de garganta, o nariz tapado e sentia a cabeça a andar à roda.
2. O Inverno, porque o tempo está frio e as casas têm o aquecimento ligado.
3. A D. Alice tinha receio de piorar e ter de ficar de cama por algum tempo.
4. Disse-lhe para marcar uma nova consulta dali a três semanas no caso de não se sentir melhor.
5. A D. Alice pensa voltar brevemente ao consultório.

II.

1. b)
2. a)
3. b)
4. c)
5. b)
6. a)
7. a)
8. a)

III.

auscultá-la / fundo / anormal
congestionado / óptimo / pôr
duas / constipações

Vocabulário

Prática

I.

a respiração / respirável
o enjôo / enjoar
a fraqueza / enfraquecer
o contacto / contactado
o aquecimento / aquecer

II.

destapado / forte / arrefecidas
normal / melhorar / pouco

Gramática

Prática

I.

1. É bom não se esquecer nenhuma vez.
2. Para os comprimidos poderem actuar eficazmente.

II.

1. fale / poderá (vai poder)
2. acabares / consultar / informes

131

UNIDADE 2

AGÊNCIA DE VIAGENS, BOM DIA!

Compreensão

I.

1. O senhor José Nunes acabou de ganhar um prémio num concurso de televisão.
2. Ele telefonou para uma agência de viagens para pedir informações.
3. O país mais aconselhado para passar férias foi o México porque é um lugar cheio de sol, com óptimas paisagens, um povo acolhedor e com uma história milenar interessantíssima.
4. O Sr. Nunes acha que o México é um país interessante.
5. Ele resolveu Ir pessoalmente à agência de viagens para receber informações mais detalhadas.

II.

1. a)
2. c)
3. a)
4. c)
5. c)
6. b)
7. c)
8. b)

III.

Azul / qual / aconselhado
certeza / época / procurado
paisagens/acolhedor/interessantíssima
monumentos

Vocabulário

Prática

I.

viajar / viajado
o conselho / aconselhar
a procura / procurar
a visita / visitado
o interesse / interessar

II.

televisivo   mundial   diário
nomeado   interessante   informativo

Gramática

Prática

I.

1. Apesar de o México parecer uma óptima opção.
2. Mas, no caso de lhe interessar, posso dar-lhe informações.

II.

1. Um prémio foi ganho pelo senhor José Nunes num concurso de televisão.
2. Um concurso de televisão vai ser transmitido na próxima semana.

UNIDADE 3

VAMOS AO CINEMA OU AO TEATRO?

Compreensão

I.

1. O André resolveu convidar quatro amigos para irem à sua casa tomar café.
2. O Paulo propôs aos amigos irem ao cinema ou ao teatro.
3. Não. O José e o André preferiam ir ao cinema.
4. Porque já era um pouco tarde e os bilhetes podiam estar esgotados.
5. Resolveram ir ao cinema.

II.

1. b)
2. a)

3. b)
4. c)
5. a)
6. c)
7. a)
8. a)

III.

convidou / quatro / para
estavam / quando / resolveu
irmos / peça / há
três / gostava / qual

Vocabulário

Prática

I.

convidativo / amigável / teatral
representante / (representativo) / (representador)
preferível / ideal

II.

aborrecido / vir / péssima
mau / detestar / devagar

Gramática

Prática

I.

1. É pena não gostares de teatro.
2. Creio que os bilhetes não estão esgotados.

II.

1. O André convidou-os para irem à sua casa tomar café.
2. Para ele é preferível ir ao cinema.

UNIDADE 4

FÉRIAS NO ALGARVE

Compreensão

I.

1. A Joana está em Faro.
2. Ela tem ido à praia tomar banhos de sol e de mar e à noite tem ido tomar café ou beber um sumo a uma esplanada à beira-mar, dando depois uma volta a pé pela cidade.
3. O tempo está bom, embora as noites estejam um pouco frescas.
4. A amiga pediu-lhe para levar uma encomenda à Sofia.
5. A Joana tenciona voltar ao Porto no dia 28, de manhã, bem cedo.

II.

1. a)
2. c)
3. b)
4. b)
5. c)
6. c)
7. a)
8. b)

III.

vá / Portimão / necessário
lhe / encomenda / entregaste
vir / Oxalá / esteja
que / passar

Vocabulário

Prática

I.

raramente / muito / abafada
curto / agitado / impedem a passagem

133

II.

a frescura / a calma / a entrega
a forma / a visita / o aviso

Gramática

Prática

I.

1. É provável eu ir visitar a Sofia.
2. No caso de a Sofia não estar em casa.

II.

vou / vá
vinha / vi / ia

UNIDADE 5

NA UNIVERSIDADE

Compreensão

I.

1. A Universidade de Coimbra é a mais tradicional de Portugal.
2. É um grupo de alunos que se esforça por manter viva a tradição estudantil.
3. A semana académica consiste em festas e diversões organizadas pelas diferentes faculdades. Realiza-se na primeira semana do mês de Maio.
4. Porque têm de estudar para os exames de Julho.
5. Decidem telefonar ao Jorge, que é uma "barra" a quase todas as cadeiras, para lhe pedirem ajuda.

II.

1. c)
2. c)

3. c)
4. a)
5. b)
6. b)
7. a)
8. a)

III.

muito / interessante / mais/ mantendo
comissão / organização
esforça / universitária

Vocabulário

Prática

I.

a tradição / a academia / o estudante
a organização / a preocupação / o entendimento

II.

1. o arquipélago
2. o elenco
3. a turma

Gramática

Prática

I.

1. Por muito que me esforce para conseguir ganhar o jogo, nunca consigo.
2. Por pouco que coma, não consigo emagrecer.

I.

Já / ainda
Ainda / ainda

UNIDADE 6

A VIDA NA CIDADE

Compreensão

I.

1. A vida na cidade é muito agitada.
2. De manhã, o trânsito é muito intenso. "Até chegarem aos empregos às 8:30 da manhã têm de suportar intermináveis esperas".
3. À hora do almoço, as pessoas saem dos empregos para almoçarem rapidamente.
4. À noite, as pessoas jantam, vêem televisão e vão dormir.
5. Durante a semana "levantam-se muito cedo"; "À hora do almoço saem por breves instantes do emprego para comerem qualquer coisa". "Ao fim-de-semana, esperam que esteja bom tempo para poderem ir passear com a família".

II.

1. a)
2. c)
3. a)
4. c)
5. a)
6. c)
7. c)
8. b)

III.

cedo / filas / chegarem
quer / encontram / trânsito / horas

Vocabulário

Prática

I.

a pressa / o sossego / a intensidade
a distinção / a rapidez / a indispensabilidade

II.

1. raqueta
2. cadeira
3. faca
4. elevador
5. autocarro
6. dinheiro

Gramática

Prática

I.

1. Onde quer que
2. Por muito que

II.

1. comece
2. faça / chova

UNIDADE 7

DUAS AMIGAS NO CAFÉ

Compreensão

I.

1. Estão a conversar sobre as vidas e os sonhos delas.
2. O grande sonho da Clara é comprar um carro desportivo para passear junto à praia.
3. A Filipa quer comprar uma quinta no Norte.
4. A Filipa. Porque só está à espera da resposta do banco.
5. Porque não se sentiria proprietária do carro.

II.

1. a)
2. b)

135

3. c)
4. b)
5. b)
6. c)
7. b)
8. a)

III.

sentadas / sobre / Uma
cheia / fruto / grande
flores

Vocabulário

Prática

I.

1. chave
2. guardanapo
3. martelo
4. aspirador
5. garagem
6. guarda-chuva

II.

1. a)
2. c)
3. c)

Gramática

Prática

I.

1. falava (fala)/ fosse.
2. venham (viessem) / fosse.

II.

1. deu-lha
2. comprou-lhos

UNIDADE 8

QUEM ERA O SENHOR JOAQUIM?

Compreensão

I.

1. Era um simpático agricultor de 60 anos.
2. Morava numa pequena casa na encosta de um monte.
3. Ele gostava muito do seu trabalho e também de falar com os jovens que se interessavam pela agricultura.
4. Contou-lhes como era a vida no campo.
5. Para quo ac plantac não foccom doc-truídas pelas pragas.

II.

1. a)
2. b)
3. c)
4. c)
5. a)
6. a)
7. c)
8. a)

III.

grupo / terra / oportunidade
numa / riacho / dura
Disse-lhes / com
poder

Vocabulário

Prática

I.

os relógios / as caixas / os pães
as mesas / os lápis / os pincéis

II.

1. lindíssima
2. óptimo
3. antiquíssima

Gramática

Prática

I.

1. soubesse / compraria.
2. abríssemos / faria.

II.

1. Sr. Joaquim: — Primeiro, tenho de sulcar a terra com o arado para depois poder colocar as sementes.
2. Sr. Joaquim: — Se o Inverno for chuvoso, a terra ficará mais fértil.

UNIDADE 9

UMA VIAGEM AOS PIRINÉUS

Compreensão

I.

1. Eles iam para os Pirinéus.
2. Estava escuro, com nuvens negras a ameaçar chover.
3. Por causa dos acidentes que tinha havido nas estradas e auto-estradas do país.
4. A meio do caminho, numa pequena estrada do interior, sem um único posto de gasolina e por onde não passava muita gente, acabou-se o combustível.
5. Um lavrador que conduzia uma carroça de legumes e que ia vender a uma feira perto dali.

II.

1. a)
2. a)
3. b)
4. a)
5. a)
6. c)
7. a)
8. a)

III.

várias / prestáveis / pequena / interior
único / combustível
desesperados / passasse

Vocabulário

Prática

I.

claro / brancas / calor
desinteressantes / antipáticas / desapareceu

II.

a chuva / o pensamento / a passagem
o desespero / a compra / a prática

Gramática

Prática

I.

1. Os amigos: — É possível comprar lá combustível ?
2. O senhor: — É sim, a vila não fica longe, podem ir lá comigo e voltar a pé sem problemas.

II.

Eram / estava / estava
estava / eram / era / está

137

SOLUÇÃO DOS EXERCÍCIOS

UNIDADE 10

UMA NOTÍCIA DESAGRADÁVEL

Compreensão

I.

1. Apareceu, misteriosamente, uma matéria poluente no rio que serve a população dessa região e as vizinhas, num raio de 30 quilómetros.
2. Mais de cinquenta pessoas deram entrada no hospital. Porque estavam intoxicadas com a água do rio.
3. Os repórteres apuraram que a matéria poluente é um conjunto de produtos químicos que foi lançado ao rio, sem conhecimento das autoridades locais.
4. "A fim de que seja possível descobrir a sua origem e punir os culpados por este grave incidente."
5. O Presidente disse que não desconfiava de nenhuma fábrica e que gostava de saber quem tinha sido o culpado. Que era necessário esperar pelos resultados das investigações finais, para poder agir dentro da lei.

II.

1. b)
2. a)
3. c)
4. a)
5. c)
6. a)
7. a)
8. a)

III.

conseguiram / problema / químicos
autoridades
analisados / descobrir / incidente

Vocabulário

Prática

I.

escultor / professor / cantor
futebolista / pianista / nadador

II.

O pescador pesca / O bombeiro apaga incêndios / O mecânico repara carros.
O agricultor cultiva a terra / O sapateiro conserta sapatos / O jardineiro trata do jardim.

Gramática

Prática

I.

1. vá.
2. fosse /fosse.

II.

1. mais larga
2. menos comprida (mais curta)

UNIDADE 11

PLANOS PARA O FUTURO

Compreensão

I.

1. Eram estudantes e frequentavam a mesma escola.
2. O mais estudioso era o Luís porque "só pensava em alcançar uma boa classificação final".

138

3. O Jorge disse que tinha ido conhecer uma discoteca nova.
4. Fazer os possíveis por conseguir ter um negócio como a discoteca.
5. O Luís quer tirar o curso de Direito na Universidade para, depois, ser um advogado de prestígio.

II.

1. b)
2. c)
3. c)
4. a)
5. c)
6. c)
7. b)
8. a)

III.

à / frequentavam / resolveram
deles / ambicioso / classificação
vir / enquanto

Vocabulário

Prática

I.

a patroa / a irmã / a polícia
a cadela / a poetisa / a rainha

II.

1. europeia
2. deserta
3. úteis
4. crua
5. chinesa
6. grátis

Gramática

Prática

I.

1. chegares / podemos (poderemos).
2. esteja.

I.

1. corra.
2. diga (digas, digam).

UNIDADE 12

CARTA COMERCIAL

Compreensão

I.

1. O Sr. Carvalho mandou uma carta ao Sr. Costa, a 20 de Setembro.
2. Ele pediu que lhe enviassem trezentas unidades dos produtos deles.
3. Não. Porque os produtos, nesta altura do ano, estão praticamente esgotados.
4. O Sr. Costa propôs-lhe esperar pela nova remessa que será de melhor qualidade: "Os nossos produtos sofrerão algumas melhorias no seu fabrico".
5. Incluiu a nova lista de preços dos produtos para o ano seguinte.

I.

1. a)
2. b)
3. c)
4. a)
5. c)
6. a)
7. b)
8. a)

III.

informá-lo / nossos / esgotados
procura / realidade / excederam / é-nos
pretendida

Vocabulário

Prática

I.

produzir / encomendar / esgotar
procurar / pretender / acrescer

139

SOLUÇÃO DOS EXERCÍCIOS

II.

receber / fraca qualidade / mantidos
piores / velha / sair

Gramática

Prática

I.

1. enviares / esqueças
2. fizeres (fizesses) / terás (terias)

II.

1. A Ana convidou-os para tomar café.
2. O José levou-lhe uma prenda

UNIDADE 13

O VINHO DO PORTO

Compreensão

I.

1. Os dois turistas vinham passar férias a Portugal, na cidade do Porto.
2. Por oito dias.
3. Estavam a falar sobre aquilo que conheciam da cidade do Porto.
4. Não, nunca lá tinham estado.
5. As duas grandes zonas de interesse são a Ribeira, no Porto, e as caves do vinho, em Gaia.

II.

1. a)
2. a)
3. b)
4. c)
5. c)
6. c)
7. c)
8. a)

III.

férias / Durante / impressões / conheciam / chegarmos
Vinho / óptimo / todos

Vocabulário

Prática

I.

1. ginasta
2. maestro
3. cidadã(o)
4. escritor(a)
5. médico/a
6. camionista

II.

a actriz / a directora / a artista
a escritora / a jornalista / a cantora

Gramática

Prática

I.

1. fosses / davas
2. quiser (quisesse) / será (seria)

II.

1. for / ajudar
2. quiser / terá

UNIDADE 14

A CASA NOVA

Compreensão

I.

1. Porque quando casarem querem ir viver para lá.

2. Eles queriam que os amigos lhes dessem opiniões acerca da decoração.
3. Os amigos disseram que era fenomenal e espaçoso.
4. O Jaime aconselhou-os a decorar a casa em estilo rústico.
5. "Bom, já vejo que não nos entendemos!".

II.

1. a)
2. a)
3. b)
4. b)
5. b)
6. b)
7. a)
8. a)

III.

jovens / casarem / para
mas / muito / decorar
assim / Esperaram

Vocabulário

Prática

I.

1. a decoração / decorado
2. a compra / comprado
3. o encanto / encantado
4. a apreciação / apreciado
5. a admiração / admirado

II.

imediatamente / claramente / somente
finalmente / concretamente / justamente

Gramática

Prática

I.

1. Digas / disseres
2. Faça (faças, façam) / fizer (fizeres, fizerem)

II.

1. no / de / às (pelas) / da
2. à / de / por / das / da

UNIDADE 15

O PIQUENIQUE

Compreensão

I.

1. O tempo estava bastante quente.
2. Quem deu a ideia do cinema foi o Pedro. Não, o Carlos discordou.
3. Porque, com tanto calor, não queria ficar fechado entre quatro paredes e preferia ir fazer um piquenique.
4. Sim. "Brilhante ideia!"
5. Vão levar sandes de presunto, um grande bolo, arroz de frango, bebidas, uma mesa e algumas cadeiras, fatos de banho e uma cana de pesca.

II.

1. c)
2. a)
3. b)
4. a)
5. c)
6. c)
7. a)
8. c)

III.

calor / até / óptima
tanto / apetece / palha / hei-de
digam

Vocabulário

Prática

I.

adormecer / apagar / vestir-se
perder / encher / soltar

141

II.

as vezes / os portões / os guarda-
-chuvas
os lençóis / os caracóis / os reais

Gramática

Prática

I.

1. A Anita disse que não sabia o que havia de fazer, que quando decidissem fazer alguma coisa a avisassem e que ia aonde eles fossem.
2. A Joana disse que era uma brilhante ideia que, aonde quer que ele fosse, divertia-se sempre e que, se não fosse ele, ela não sabia o que faria.

II.

1. puderes / iremos (vamos) / falei
2. haja / comprarmos / encerrem

UNIDADE 16

A FEIRA

Compreensão

I.

1. Encontravam-se numa pequena cidade à beira-mar.
2. Os preparativos eram descarregar a carga dos camiões e carrinhas e armar as tendas.
3. Expressões sugestivas que chamassem a atenção dos clientes, como por exemplo, "está tudo pelo preço da chuva" ou "é a preço de fábrica".
4. Podem comprar-se variadíssimas coisas, loiças, cestos, baús, chapéus, roupas, alimentos, etc.
5. A feira é um lugar onde se podem comprar coisas variadas e baratas. É simples, colorida, divertida e cheia de novidades.

II.

1. c)
2. b)
3. b)
4. c)
5. a)
6. c)
7. a)
8. b)

III.

beira-mar / corajosamente / essencialmente / mesmo / houvera / Decidimos / divertido / realizam.

Vocabulário

Prática

I.

1. carregam
2. complicado
3. permeável

I.

1. lixeiro (Brasil) / homem do lixo
2. carteiro
3. bombeiro
4. sinaleiro
5. bancário
6. polícia

Gramática

Prática

I.

1. acordara
2. fora

II.

1. de
2. no

UNIDADE 17

À PROCURA DE APARTAMENTO

Compreensão

I.

1. A intenção do João é arranjar um apartamento para morar.
2. Porque os apartamentos estão muito caros e, para comprar um, teria de pedir empréstimo ao Banco e dar o sinal ao construtor.
3. Decide telefonar a um amigo seu, que é bancário, para pedir sugestões.
4. Aconselhou-o a pedir um empréstimo ao Banco para comprar a casa porque, mais tarde, poderá vendê-la e comprar outra maior.
5. O João decidiu comprar um apartamento. Vai visitar alguns novos nos arredores e, depois, vai ao Banco acertar os detalhes para o pedido de empréstimo.

II.

1. b)
2. a)
3. c)
4. c)
5. a)
6. c)
7. c)
8. a)

III.

estudos / ano / gerente
salário / morar / há-de / porque

Vocabulário

Prática

I
1. b)
2. a)
3. a)

II

emprestar / arrendar / decidir
vender / remodelar / indemnizar

Gramática

Prática

I.

1. ... vendê-lo-ás...
2. ... comprá-la-ias...

II.

1. Desde
2. Há

UNIDADE 18

O ENCONTRO DE AMIGAS

Compreensão

I.

1. Conhecem-se desde os 10 anos, desde o tempo em que andavam no colégio interno.
2. Combinaram encontrar-se no sábado seguinte, à tarde, para recordar velhos tempos.
3. A Margarida ficou admirada com o marido da Ana, porque ele também era um antigo colega delas e porque a Ana e o Mário não se davam muito bem naquele tempo.
4. O Mário e a Ana reencontraram-se há cinco anos, no bar "Peter's", nos Açores. Conversaram durante algum tempo sem se reconhecerem até que, por fim, quando falaram de estudos, descobriram que tinham sido colegas.
5. A Margarida utilizou a expressão "O mundo dá muitas voltas!".

143

II.

1. c)
2. c)
3. a)
4. c)
5. b)
6. c)
7. a)
8. b)

III.

Centro / repente / minha
quarto / interno / éramos
apressadamente

Vocabulário

Prática

I.

lentamente / igual / morte
desconhecer / chorar / desagradável

II.

pastelaria / peixaria / talho
mercearia / livraria / sapataria

Gramática

Prática

I.

1. ... demos pelo...
2. ... dá para...

I.

1. era / irem
2. emprestou-me (vai emprestar-me / em-
prestar-me-á) / foi / fez

UNIDADE 19

PARIS, A CIDADE ROMÂNTICA

Compreensão

I.

1. Porque tinham de estudar para os
exames de Julho.
2. O que os fez interromper os estudos foi
a chegada de um postal que os amigos
lhes mandaram, dizendo que iam chegar no sábado.
3. Eles estavam ansiosos porque queriam
saber novidades dos lugares interessantes de Paris.
4. Não. Eles foram ver o Louvre mas,
como o museu é muito grande, não
tiveram tempo de ver tudo.
5. Os amigos duvidam que eles tenham
ido ao Eurodisney porque não faz parte
da viagem de estudo.

II.

1. c)
2. b)
3. c)
4. a)
5. a)
6. b)
7. a)
8. c)

III.

puderam / porque / Julho
Lamentavam / teriam / lá
imagens

Vocabulário

Prática

I.

1. o lamento / lamentável
2. a sabedoria / sabedor

3. o interesse / interessante
4. sonhar / sonhador
5. o contentamento / contentar

II.

escura / inoportuno / continuar
desinteressante / vir / descontente

II.

1. b)
2. b)
3. a)
4. a)
5. c)
6. b)
7. b)
8. a)

Gramática

Prática

I.

1. tenham visto
2. tenhas lido

II.

1. é considerada / visita (tem visitado)
2. tenho tido / tenho podido

UNIDADE 20

A MINHA ALDEIA

Compreensão

I.

1. O dia estava cinzento e húmido e havia umas nuvens negras que ameaçavam chover a qualquer momento.
2. Encontrava-se a viajar de carro.
3. Ela assustou-se e acordou do sonho para voltar à realidade.
4. Ela dirigia-se para a aldeia dos seus avós.
5. A memória que tinha, desde a infância, da casa dos avós e do reencontro com eles.

II.

há / barulho / sobre
estivesse / nuvem / orquestra
tranquilamente

Vocabulário

Prática

I.

enorme / ruído / calmamente
casa / rebenta / cintilar

II.

a humidade / o caminho / a conversa
a imaginação / o ouvido / a lembrança

Gramática

Prática

I.

para / no / ao / do / Ao / de / para
em / ao.

II.

1. fizer / tenha
2. tivessem ido / teriam perdido (tinham perdido)

145

UNIDADE 21

VISITAS CULTURAIS

Compreensão

I.

1. A Rita não apareceu na casa do André porque foi com a Paula para a praia.
2. A Teresa disse à Rita que ela e os amigos tinham resolvido visitar alguns aspectos culturais interessantes da cidade do Porto.
3. Consiste numa visita à igreja de Santa Clara e à Sé Catedral.
4. A Rita teve pena de não ter ido com eles à Casa de Serralves no dia anterior.
1. A Casa de Serralves é um Museu de Arte Moderna com um grande jardim à volta, onde há uma casa de chá.

II.

1. a)
2. b)
3. a)
4. b)
5. c)
6. c)
7. b)
8. c)

III.

então / em / reunidos
cultural / fartos / alguns
elaborámos

Vocabulário

Prática

I.

o aparecimento / aparecido
a combinação / combinado
a resolução / resolvido
a troca / trocado
a opção / optado

II.

destrocar / odiar / nenhum
receber / desmarcar / antiga

Gramática

Prática

I.

1. Se não tivesse preferido ir à praia nesse dia, teria ido (tinha ido) à Casa de Serralves.
2. Se não tivesse ido nadar depois de ter comido bem, não se teria sentido (tinha sentido) mal.

II.

1. havemos de
2. hei-de conhecer

UNIDADE 22

O AZAR DO LADRÃO

Compreensão

I.

1. Um indivíduo armado tentou roubar um casal de turistas.
2. O marido da senhora tentou lutar com o ladrão.
3. Declararam que o ladrão os tinha ameaçado com uma pistola e tinha proferido umas palavras em tom desagradável, que os tinha levado a crer que lhes pedia dinheiro.
4. Disse que a senhora tinha entrado em pânico e gritado por socorro e que um polícia de Segurança Pública tinha vindo socorrer os turistas e prendido o ladrão.

146

5. O ladrão era um pobre homem desempregado que tinha decidido levar uma vida de crime mas que, como não queria matar ninguém, nunca carregava a sua arma. Era conhecido pelo *azarado*.

II.

1. b)
2. a)
3. a)
4. b)
5. c)
6. b)
7. c)
8. b)

III.

pelas / assaltar / ter-se-á
costas / um / paralisada
lutar

Vocabulário

Prática

I.

A arma / armar
A pretenção / pretendido
aterrorizar / aterrorizado
A queda / caído
declarar / declarado

II.

perder / o sortudo / estar de frente
sair / soltar / rico

Gramática

Prática

I.

1. terá arrombado
2. terá tido

II.

1. calmamente
2. apressadamente

UNIDADE 23

A FEIRA DO LIVRO

Compreensão

I.

1. Estas feiras do livro realizam-se todos os anos no mês de Maio.
2. Costumam frequentar a feira pessoas de todas as idades.
3. Pessoas com um ar decidido, outras com um aspecto indeciso, crianças e intelectuais.
4. Apontam para os livros e pedem aos pais para lhes comprarem a feira toda.
5. Os intelectuais. Porque, segundo diz o texto, eles alimentam-se de cultura e gostam de demorar muito tempo a apreciar os livros.

II.

1. b)
2. b)
3. a)
4. c)
5. c)
6. b)
7. c)
8. b)

III

especiais / mês / parque
sentimos / imensidão / terá / invulgar

Vocabulário

Prática

I.

passear / passeante / passeador(a)
a leitura (o leitor(a)) legível
(encapar) encadernar / encadernável
a cultura / culto(a) (cultural)
imaginar / imaginativo(a) (imaginável)

SOLUÇÃO DOS EXERCÍCIOS

II.

decididamente / ignorantemente / culturalmente
reconfortantemente / envolventemente
somente

Gramática

Prática

I.

1. terá comprado
2. terem exposto

II.

andava / arrumar / tocou / Era / dizer
ia / partia / estava.

UNIDADE 24

O HIPERMERCADO

Compreensão

I.

1. A Rita costuma ir fazer compras no final de cada mês.
2. Ela sente-se aborrecida e irritada porque está sempre muito trânsito na auto-
-estrada e há sempre muita gente no
hipermercado.
3. Uma vez, ia chocando com outro carro
porque este queria estacionar no seu
lugar. Ficou tão furiosa que, se não
fosse um senhor, ia batendo no
indivíduo que conduzia o carro.
4. Ele encontrou uma colega de trabalho.
5. A colega aconselhou-a a fazer compras
na segunda semana de cada mês,
porque está menos gente e anda-se
mais à vontade.

II.

1. b)
2. a)
3. c)
4. c)
5. a)
6. a)
7. a)
8. c)

III.

cada / suas / Nesse
aborrecida / infernal / sempre
destino

Vocabulário

Prática

I.

demoradamente / vagamente / perdida-
mente
precipitadamente / desenfreadamente
horrivelmente

II.

enervar-se / confundir / correr
martirizar / finalizar / entrar

Gramática

Prática

I.

1. Quando tiverem acabado as aulas ...
2. Logo que o Pedro tiver chegado ...

II.

1. acabei por
2. vim a

UNIDADE 25

UM DIA DIFERENTE

Compreensão

I.

1. A Fátima esteve toda a manhã à janela a observar a rua.
2. Pensou em ligar ao Duarte e convidar os amigos e colegas para irem a uma festa em sua casa.
3. O Duarte era uma pessoa sempre bem disposta, prestável e divertida.
4. Porque, um dia, ele tinha passado por ela de carro, buzinou, ela olhou e não o reconheceu.
5. Propôs-lhe falar aos outros amigos sobre a ideia de fazerem uma festa na casa dela, porque seria uma boa oportunidade de se reencontrarem todos.

II.

1. a)
2. c)
3. a)
4. a)
5. b)
6. b)
7. c)
8. a)

III.

Fazia / se / rua
por / inteira / observar
raramente

Vocabulário

Prática

I.

feito / observado / conhecido
sido / passado / utilizado

II.

o reconhecimento / a observação / a passagem
a mudança / o prolongamento / a ligação

Gramática

Prática

I.

1. ... passei para ...
2. ... não passou de ...

II.

1. da / sem / de / à
2. aos / em / por

UNIDADE 26

A REPORTAGEM

Compreensão

I.

1. A Cláudia é jornalista na televisão.
2. Está a trabalhar na reportagem que fez sobre as férias em Portugal.
3. O Fábio é um colega de trabalho.
4. Propôs ajudá-la a montar a reportagem.
5. Não. Porque entrevistou muita gente, em muito pouco tempo, e eram pessoas de toda a espécie, umas eram breves a falar, mas outras falavam muito.

II.

1. c)
2. a)
3. c)
4. b)
5. c)
6. c)
7. a)
8. c)

III.

excelente / sobre / organizar
primeira / chegou / viu-a
tinha pregado

Vocabulário

Prática

I.

fundamentar / fundamental
a atrapalhação / atrapalhada
entrevistar / entrevistado
cortar / cortante
a selecção / seleccionável

II.

a desorganização / o dia / o todo
achar / tarde / fácil

Gramática

Prática

I.

1. ...guardar...
2. ...está situada na... / é na...

II.

1. Embora haja muito trânsito, vou para o centro da cidade.
2. Caso seja muito tarde, terminamos o trabalho amanhã.

UNIDADE 27

UMA LIÇÃO DE LITERATURA

Compreensão

I.

1. Porque eles tinham o grande exame final na semana seguinte.
2. Foram para casa do Miguel.

3. Porque o Miguel tem uma grande biblioteca em casa, herdada do seu avô que era professor de História.
4. A Joana encontrou um livro, de 1940, sobre "Os Lusíadas", de Camões.
5. A obra fala do espírito aventureiro, corajoso e saudosista dos Portugueses contando a História de Portugal, desde a formação da nacionalidade até ao reinado de D. Sebastião.

II.

1. c)
2. a)
3. b)
4. a)
5. a)
6. c)
7. b)
8. b)

III.

estava / consultavam / porque
exame / conhecimentos / postos
como / foram

Vocabulário

Prática

I.

a consulta / a proveniência / a admiração
a leitura / o entretimento / o interesse

II.

poderoso / admirável / legível
interessante / procurado / proveniente

Gramática

Prática

I.

1. Prever
2. Intervejo

150

II.

1. d)
2. b)

UNIDADE 28

O PARQUE NACIONAL DO GERÊS

Compreensão

I.

1. O Gerês é um parque nacional e fica no norte de Portugal.
2. De Verão, pode-se passear por certas zonas, autorizadas pela guarda florestal, respirando ar puro e apreciando a calma de um ambiente ameno.
3. De Inverno, pode-se alugar uma cabana sem electricidade, mas com lareira e com todo o conforto necessário para passar uns momentos agradáveis.
4. São sugeridas reuniões familiares ou com amigos, junto à lareira. Nessas ocasiões, poderão cantar e tocar viola, contar anedotas, isto é, tudo aquilo que não têm tempo de fazer na cidade.
5. Não. Não há. O texto diz: "Sítios como este valem ouro."

II.

1. b)
2. c)
3. a)
4. c)
5. a)
6. c)
7. b)
8. b)

III.

Parque / verde / explorar
pleno / árvores / circulam
risco / cruéis

Vocabulário

Prática

I.

contactável / eléctrico / civilizado
amigável / florestal / humano

II.

bondoso / desautorizado (proibido)
agitado
insossa / desconforto / inexploradas

Gramática

Prática

I.

deitem / façam
destruam / cortem / Lembrem-se
serve / quer

II.

1. Na / de / para
   para / em / com
2. de / na / no / no

UNIDADE 29

O CARNAVAL

Compreensão

I.

1. O Carnaval é uma festa peculiar durante a qual as pessoas se divertem. É um espectáculo de cores onde não faltam os disfarces e as máscaras e dura três dias.
2. A purificação dos espíritos.

151

3. A máscara é o símbolo de diversão e de disfarce. Ao esconder a realidade confere-lhe um carácter místico e estranho.
4. Apesar do Carnaval em Portugal ser mais simples do que em Veneza ou no Brasil, as pessoas também se mascaram e divertem-se pelas ruas ou em festas. Fazem-se cortejos com carros alegóricos que servem para criticar acontecimentos sociais e figuras públicas.
5. O Carnaval do Brasil é mais sofisticado. É um festival de cores, ritmos, ostentação e loucura. No Rio de Janeiro faz-se o maior desfile do mundo, organizado por diversas escolas de samba.

II.

1. a)
2. c)
3. a)
4. a)
5. a)
6. a)
7. b)
8. a)

III.

peculiar / data / durante / cores
magia / tradição / festejos / carácter
simbólicas / ilustrando

Vocabulário

Prática

I.

essencial / espiritual / medieval
reconciliador / divertido / cruel

II.

magicar / disfarçar / mascarar
sofisticar / ostentar / realizar

Gramática

Prática

I.

1. Assim que começar o exercício ...
2. Mal arrume a cozinha ...

II.

1. A criança ouviu a história infantil sorrindo.
2. A Maria estava chegando a casa quando encontrou o Luís.

UNIDADE 30

O PROBLEMA ECOLÓGICO

Compreensão

I.

1. Um famoso ecologista. Para alertar os jovens sobre os problemas ecológicos de que o nosso planeta sofre actualmente.
2. É a poluição exagerada que se verifica no planeta em geral.
3. Acreditando nos debates, na publicidade, nos avisos, em todos os alertas que têm sido feitos até agora e tomando medidas para que a situação mude o mais rapidamente possível.
4. Pede-lhes para começarem a poupar o material escolar, a poupar electricidade e a escolher produtos biodegradáveis.
5. A expressão é " a nossa grande casa".

II.

1. b)
2. a)
3. b)
4. c)
5. b)

6. b)
7. c)
8. a)

III.

extremamente / solucionar / mercador
publicidade / parte / cruzarmos
consciência

Vocabulário

Prática

I.

ecologicamente / agressivamente / particularmente
duvidosamente / conscienciosamente
(conscientemente) / perigosamente

II.

O exagero / a verdade / a particularidade
A destruição / o sustento / a poupança

Gramática

Prática

I.

1. destruirmos / sobreviverá
2. tenha perdido

II.

1. tivessem partido / teriam chegado
2. tivermos / façamos

Depósito Legal n.º 65857/93